Inhalt

In der Schule

Kirby – irgendwo im Nirgendwo

Kirbys Schulweg dauert ganze 10 Sekunden, 15, wenn sie bummelt: Von ihrem Zimmer aus sind es fünf große Schritte den Flur entlang, dann muss sie durch die zweite Tür links ins Arbeitszimmer gehen. Kirby Phillips, neun Jahre alt, sitzt dort Morgen für Morgen.
Hier findet für sie der Unterricht statt. Zwar ist sie allein in dem Raum, aber allein lernen muss sie deswegen nicht. Ein paar Klicks, dann sind auch ihr Lehrer und ihre vier Mitschüler da – auf dem Computerbildschirm! Übers Internet können sich die Kinder gegenseitig Nachrichten schicken, über eine spezielle Telefonleitung sprechen sie miteinander. Aber zusammensitzen? Das geht nicht so einfach! Die Kinder wohnen im australischen „Outback" und damit Autostunden voneinander entfernt. Selbst wenn sie sich in der Mitte treffen wollten: Dieser Schulweg wäre für alle viel zu lang.
Zu lang, zu groß, zu kurz: Nichts ist normal im Outback, das übersetzt so viel wie „Hinterland" heißt und das komplette Landesinnere Australiens umfasst. Es ist eine Landschaft, die an einen anderen Planeten erinnert: rötliche, von der Sonne hart gebackene Erde, nur dürres Gestrüpp, wenige Häuser. Gerade einmal 170 000 Menschen leben auf einer Fläche, die mehr als 16-mal so groß wie Deutschland ist. Und irgendwo in diesem Nirgendwo steht die Farm von Kirbys Familie.

Katharina von Ruschkowski

1. Lies den Text genau.
2. Lies die Angaben in Kirbys Steckbrief. Suche die Informationen im Text. Unterstreiche passende Informationen mit der entsprechenden Farbe.
3. Ergänze den Steckbrief.

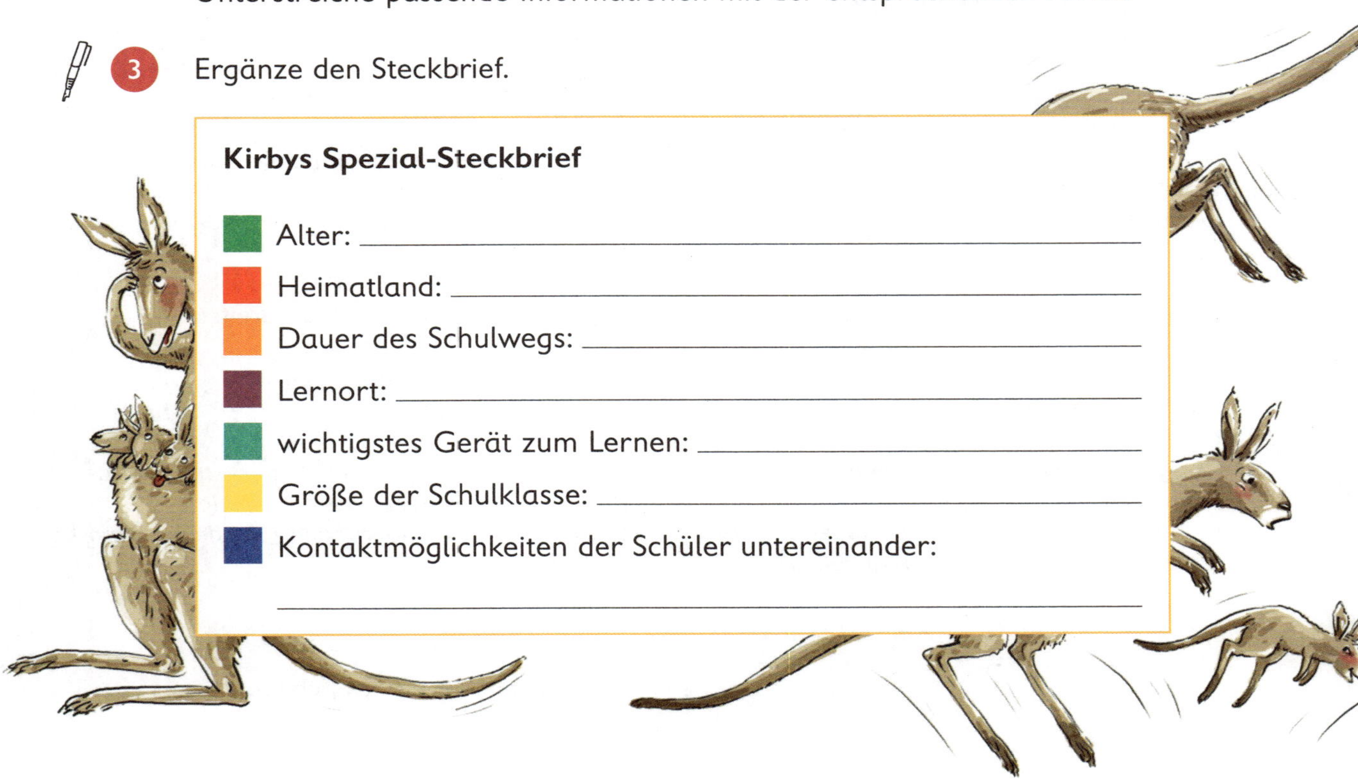

Kirbys Spezial-Steckbrief

- Alter: ____________________
- Heimatland: ____________________
- Dauer des Schulwegs: ____________________
- Lernort: ____________________
- wichtigstes Gerät zum Lernen: ____________________
- Größe der Schulklasse: ____________________
- Kontaktmöglichkeiten der Schüler untereinander: ____________________

Kinderland Ostseewelle

Klassenfahrten ins Kinderland Ostseewelle sind für Schulklassen ein Erlebnis. Die Kinder verbringen in der Nähe des Meeres auf einem großen Freigelände eine unbeschwerte Zeit inmitten wunderschöner Natur. Zusätzlich gibt es täglich Veranstaltungen, die den Klassen angeboten werden.

Veranstaltung	Mo.	Di.	Mi.	Do.	Fr.	Sa.	So.	Uhrzeit	Dauer	Altersempfehlung
Gelände-Rallye zum Kennenlernen des Kinderlands	X	X						10.15	2 Std.	Kl. 2–6
Deichkronen-Tour mit dem Fahrrad	X				X			13.00	3 Std.	Kl. 4–6
Besuch in der Meeresstation		X						9.00	2 Std.	Kl. 4–6
Ausflug ins Buddelschiff-Museum*		X				X		14.00	2 Std.	Kl. 2–6
Robbensafari mit MS Robbi*			X			X		14.00	2 Std.	Kl. 2–6
Nachtwanderung zum Leuchtturm					X			21.00	2 Std.	Kl. 4–6

Die meisten Veranstaltungen sind kostenlos. Veranstaltungen mit * kosten Geld.

1 An welchem Tag bietet das Kinderland Ostseewelle nur eine Veranstaltung an?

____

2 Eine vierte Klasse aus Erfurt war im Kinderland Ostseewelle. Begeistert erzählen die Kinder zu Hause von ihren Erlebnissen. Ein bisschen übertreiben sie dabei. Überprüfe ihre Aussagen und kreuze an.

		stimmt	stimmt nicht
a)	Bei unserer Nachtwanderung zum Leuchtturm sind wir erst um 23 Uhr losgegangen.		
b)	Wir sind drei Stunden auf dem Deich geradelt.		
c)	Am Mittwoch haben wir eine Rallye durch das Gelände gemacht.		
d)	Zum Besuch der Meeresstation mussten wir bald nach dem Frühstück losmarschieren.		
e)	Für die Robbensafari mit dem Motorschiff „Robbi“ mussten wir etwas bezahlen.		

Wanda und der Neue

Nee, ne! Wanda kann es nicht fassen. Ausgerechnet ihr neuer Mitschüler, der Hitzefreiverhinderer, zieht nebenan ein, mitsamt seiner Familie, die bestimmt genauso grässlich ist.

Montagnachmittag

So ein Mist! Dabei habe ich so gut aufgepasst. Ich will zu Katti gehen und habe wirklich genau geprüft, ob die Luft rein ist. Trotzdem hält, gerade als ich durch das Gartentürchen gehe, ein dunkelblauer Passat neben mir.

Und wer steigt aus? Fabian und seine Mutter. „Hallo Wanda!“, sagt Fabian. „Wir sind jetzt Nachbarn.“ „Wer hätte das gedacht?“, brumme ich finster und will mich gerade verdrücken, als Mama mit ihrem Fahrrad um die Ecke biegt. „Hallo“, strahlt sie. „Sie müssen unsere neuen Nachbarn sein. Mein Name ist Ilse Lichtenberg und das ist meine Tochter Wanda.“ „Waltraut Schilling“, sagt Frau Schilling und schüttelt Mama die Hand. „Und du bist also Wanda!“, sagt sie und lächelt zuckersüß zu mir runter.

„Du müsstest ungefähr in Fabians Alter sein.“ „Klar ist sie das. Sie geht ja in meine Klasse“, sagt Fabian und strahlt, als hätte er Amerika noch vor Kolumbus entdeckt. Natürlich tut sich keine Erdspalte auf, um mich zu verschlucken, sondern Mama sagt genau das, was ich befürchte: „Das ist aber nett. Wanda hat sich schon immer ein paar Kinder in der Nachbarschaft gewünscht. Und jetzt ist es sogar ein Klassenkamerad …“ *Klassenkamerad!* Wenn ich das schon höre. Ein blöderes Wort gibt es auf der ganzen Welt nicht.

Dagmar Geisler

1. Lies jeden Abschnitt einzeln. Überlege, worum es im Text geht.
2. Markiere wichtige Wörter und schreibe das Wichtigste in die Kästchen.
3. Erzähle einem Partnerkind, was Wanda erlebt hat. Nutze deine Notizen.

Pünktchen auf dem Weg zu Herrn Bremser

Freitags kam Pünktchen eine Stunde früher als sonst aus der Schule. Direktor Pogge wusste das und schickte den Schofför* mit dem Auto hin, dass er das Mädchen mit dem Wagen heimführe. Um diese Zeit brauchte er das Auto noch nicht, und Pünktchen fuhr so gern im Auto.

Der Schofför legte die Hand an die Mütze, als sie aus dem Portal der Schule trat, und öffnete den Schlag**. Sie lief auf ihn zu und gab ihm begeistert die Hand. „Tag, Herr Hollack“, sagte sie. Die anderen kleinen Mädchen freuten sich schon. Denn wenn Pünktchen Pogge mit dem Wagen abgeholt wurde, durften stets so viele mitfahren, wie hineingingen.

Heute aber drehte sich Pünktchen auf dem Trittbrett herum, blickte alle betrübt an und sagte: „Kinders, nehmt mir's nicht übel, ich fahre allein. Ich habe was Wichtiges vor.“ Dann setzte sie sich ganz allein in das große Auto, nannte dem Schofför eine Adresse, er stieg auch ein, fort ging's, und zwanzig kleine Mädchen blickten traurig hinter dem schönen Auto her.

Nach ein paar Minuten hielt der Wagen vor einem großen Gebäude, und das war schon wieder eine Schule! „Lieber Herr Hollack“, sagte Pünktchen, „einen kleinen Moment, wenn ich bitten dürfte.“ Herr Hollack nickte, und Pünktchen lief rasch die Stufen hinan. Es war noch Pause.

Sie kletterte in die erste Etage und fragte einen Jungen, wo das Lehrerzimmer sei. Er führte sie hin. Sie klopfte. Weil niemand öffnete, klopfte sie noch einmal, und zwar ziemlich heftig. Da ging die Tür auf. Ein großer, junger Herr stand vor ihr und kaute eine Stulle. „Schmeckt's?“, fragte Pünktchen. Er lachte. „Und was willst du noch wissen?“ „Ich beabsichtige, Herrn Bremser zu sprechen“, erklärte sie. „Mein Name ist Pogge.“

Erich Kästner

* veraltete Schreibweise für Chauffeur
** Autotür

1 Markiere in jedem Abschnitt drei bis fünf wichtige Wörter oder Wortgruppen.

2 Schreibe diese Wörter auf die Kärtchen neben jedem Textabschnitt.

3 Suche dir ein Partnerkind. Gib den Inhalt des Textes mithilfe deines „roten Fadens“ wieder.

Im Herbst

Fragen im Oktober

Du siehst die Astern blühen.
Wie lange noch?
Laubwälder siehst du glühen.
Wie lange noch?
Du hörst die Meise singen.
Wie lange noch?
Du fragst bei allen Dingen:
Wie lange noch?
Nun rüste Haus und Schober!
Wie bange doch
fragt jeder im Oktober:
Wie lange noch?

James Krüss

Herbst

Die Linde färbt sich blond,
das macht sie sehr gekonnt.

Vier Wochen später hatse
jedoch schon eine Glatze.

Sie ist darüber nicht verstimmt;
der nächste Frühling kommt bestimmt.

Er bringt den Kopfschmuck ihr zurück;
da hat die Linde großes Glück.

Mein Vater hat es nicht so gut,
drum trägt er meistens einen Hut.

Bernd Lunghard

1 Lies die beiden Gedichte. Wähle einen Text aus, den du vorlesen möchtest.

2 Bereite den Text zum Vorlesen vor.

Was zu tun ist	✓
Unterstreiche Stellen, die du besonders sprechen möchtest.	
Setze einen Strich (|), wenn du kürzere Pausen machen möchtest.	
Setze zwei Striche (||), wenn du längere Pausen machen möchtest.	
Mache einen Punkt (•), wenn du deine Zuhörer anschauen möchtest.	

3 Lies den Text mehrfach laut, bis du ihn flüssig lesen kannst.
Achte auf das, was du gekennzeichnet hast.

○ selbst gewählte Texte zum Vorlesen vorbereiten und sinngestaltend vorlesen – **Basis**

LF S. 28/29

Wer spinnt im Herbst?

Eine Spinnenart, die man besonders Ende August bis Oktober/November vom Flachland bis hoch in die Berge sehen kann, ist die Herbstspinne. Ihr Name ist auf die Tatsache zurückzuführen, dass sie erst im Herbst geschlechtsreif wird und in dieser Jahreszeit sehr häufig, zuweilen sogar massenhaft, anzutreffen ist. Wegen ihrer recht kleinen Größe (7 mm) wird sie oft übersehen. Sie hat eine lehmgelbe bis gelbgrüne Körperfärbung mit einer schwachen Blattzeichnung auf dem Hinterteil. Die Herbstspinne baut die typischen Radnetze. Diese Netzform wirkt vollendet, ist bei Wind und Wetter haltbar und bietet eine große Fangfläche. Mit diesem Netz fängt die Herbstspinne auch ihre Beute, meist Insekten. Oft sind die Radnetze in geringem Abstand voneinander zwischen tief hängenden Zweigen von Büschen oder zwischen Sträuchern und Gräsern in Bodennähe gespannt. Die Radnetze haben 20 bis 25 Speichen und weisen eine offene Nabe auf. Meist sitzt die Herbstspinne in der Mitte der Netznabe. Während der Paarungszeit sind oft ein bis mehrere Männchen am Rand der Netze von den Weibchen zu finden. Bleibt ein Insekt im Netz hängen, spinnt das schnellste Männchen das Insekt ein und bietet dem Weibchen die Beute an. So kann das Männchen das Weibchen während der Mahlzeit gefahrlos umwerben. Später legt das Weibchen oft unter der Baumrinde in mehreren kleinen, weißlichen Kokons gelbliche Eier ab. Nach Fertigstellung aller Kokons verendet die Herbstspinne innerhalb weniger Tage. Die jungen Herbstspinnen schlüpfen im Frühjahr und wachsen bis zum Spätsommer heran.

1. Lies den Text. Wähle einen Abschnitt aus, den du vorlesen möchtest.

2. Bereite den Abschnitt zum Vorlesen vor.
Nutze die Tabelle von Seite 6.

3. Lies den Text mehrfach laut, bis du ihn flüssig lesen kannst.
Achte auf das, was du gekennzeichnet hast.
Schätze anschließend selbst deinen Textvortrag ein.
Bitte auch dein Partnerkind um eine Einschätzung.

	Selbsteinschätzung	Partnereinschätzung
flüssiger und sicherer Vortrag	☆ ☆ ☆ ☆ ☆	☆ ☆ ☆ ☆ ☆
Stimme passend einsetzen	☆ ☆ ☆ ☆ ☆	☆ ☆ ☆ ☆ ☆
passende Pausen	☆ ☆ ☆ ☆ ☆	☆ ☆ ☆ ☆ ☆
Blickkontakt	☆ ☆ ☆ ☆ ☆	☆ ☆ ☆ ☆ ☆

Das Lindenblatt und die Laus

1 Der Herbst war nun endgültig da. Am deutlichsten konnte man es an den Bäumen sehen: Viele Blätter verloren sie mit jedem Tag, und die, die sie noch hatten, verfärbten sich gelb, braun und manchmal auch rot.
Am Anfang der Triftgasse stand eine Linde. Sie hatte nicht mehr viele Blätter; denn sie bereitete sich auf den Winter vor, wurde mit jedem Tag schläfriger, und die Säfte in ihren Ästen und Zweigen stiegen immer langsamer und träger und wurden immer weniger.
Zu wenig, um die Blätter bei Kraft halten zu können. Die Blätter spürten es zuerst in ihren Stängeln, und zwar dort, wo der Stängel mit dem Zweig verwachsen war. Es war eigentlich kein unangenehmes Gefühl. Es kitzelte ein wenig – wie eine Wunde, die langsam heilt, und es war für die Blätter auch mit einem aufregenden Gefühl verbunden. Sie ahnten, dass sie sich bald vom Baum lösen würden und durch die Luft segeln würden, und so etwas erlebt schließlich ein Blatt nur einmal in seinem Leben.

2 Am letzten Zweig des rechten Hauptastes der Linde hing ein gelbes Blatt. Seit Wochen hatte es unzählige Blätter beobachtet, wie sie zur Erde gesegelt waren. An diesem Tag ging ein besonders heftiger Wind, und das Lindenblatt fühlte, dass es nun bald auch bei ihm so weit sein würde. So sehr war das Blatt mit sich selbst beschäftigt, dass es nicht einmal merkte, wie eine kleine, grüne Blattlaus auf seinen Bauch kletterte und sich dort festhielt. Auch die Blattlaus ahnte, dass es nun bald zu Ende sein würde, und wollte sich nur noch einen bequemen Platz suchen.

3 Und dann war es so weit! Ein Windstoß fuhr in die Krone der Linde und wirbelte viele Blätter davon. Darunter auch das Blatt mit der Laus. Es war ein tolles Gefühl für das Blatt, so durch die Luft zu sausen. Hoch hinauf trug es der Wind. So hoch, dass der Blattlaus schwindlig wurde und sie die Augen schließen musste.
Dann ließ es der Windstoß plötzlich los, und das Lindenblatt schwebte schaukelnd wieder zur Erde zurück. Immer näher kamen die Häuser und Bäume, und mit Spannung erwartete das Blatt den Ort, wo es die Erde berühren würde. Als es jedoch dicht über dem Boden war, erfasste es ein neuer Windstoß und trug es wieder hoch in die Luft. Am Rande eines Rauchfangs* blieb das Blatt dann liegen.

*Schornstein

4 Für einige Sekunden herrschte Windstille, alles war ruhig. Als die Laus die Augen aufmachte und in den schwarzen Schlund des Rauchfanges blickte, packte sie Angst. Sie wagte es nicht, sich zu bewegen, denn das Blatt konnte jeden Augenblick in den Rauchfang hineingleiten. Auch dem Lindenblatt wurde bange, als es merkte, in welcher Gefahr es schwebte. Schreckliche Sekunden waren das! Aber als das Blatt gerade über die Kante rutschen wollte, packte es ein Windstoß und riss es davon. Die Blattlaus musste ihre ganzen Kräfte aufbieten, um sich am Blatt festzuhalten. Als das Lindenblatt erneut zur Erde segelte, wollte es der Zufall, dass es durch ein offenes Fenster in mein Zimmer schwebte und genau auf Seite 128 eines Buches landete, das geöffnet auf dem Schreibtisch lag. Seither verwende ich dieses Lindenblatt als Lesezeichen. Und die Laus? Die Laus bezog auf meinem Gummibaum Quartier und lebte noch sehr lange; denn in meinem Zimmer ist es immer schön warm, und den Gummibaum gieße ich regelmäßig.

Erwin Moser

1. Lies die Geschichte.

2. Wähle mindestens zwei aufeinanderfolgende Textabschnitte aus, die du vorlesen möchtest.

3. Bereite diese Abschnitte zum Vorlesen vor. Nutze die Prüfliste.

Was zu tun ist	✓
Unterstreiche Stellen, die du besonders sprechen möchtest.	
Setze einen Strich (|), wenn du kürzere Pausen machen möchtest.	
Setze zwei Striche (||), wenn du längere Pausen machen möchtest.	
Mache einen Punkt (•), wenn du deine Zuhörer anschauen möchtest.	

4. Übe deinen Textvortrag (siehe Lesefreunde 4, Schritt 2 auf Seite 26).

5. Lies nun deinen geübten Text einem Partnerkind vor. Schätze anschließend selbst deinen Textvortrag ein. Bitte auch dein Partnerkind um eine Einschätzung.

	Selbsteinschätzung	**Partnereinschätzung**
flüssiger und sicherer Vortrag	☆ ☆ ☆ ☆ ☆	☆ ☆ ☆ ☆ ☆
Stimme passend einsetzen	☆ ☆ ☆ ☆ ☆	☆ ☆ ☆ ☆ ☆
passende Pausen	☆ ☆ ☆ ☆ ☆	☆ ☆ ☆ ☆ ☆
Blickkontakt	☆ ☆ ☆ ☆ ☆	☆ ☆ ☆ ☆ ☆

Meine Wünsche und Träume

Jacky Jones – hauptberuflich Sängerin

Also, ich heiße Jacky Jones (ausgesprochen wird das Dschäcki Dschohns) und ich bin 15 Jahre alt. Ich gehe zwar noch zur Schule, aber hauptberuflich bin ich Sängerin. Meine Popkonzerte haben massenweise Besucher. Ich verdiene auch viel Geld mit meiner Singerei. So ungefähr zwei oder fünfeinhalb Millionen pro Lied.

Neulich habe ich mir sogar einen eigenen Kaugummiautomaten gekauft. Der hing an einer Hauswand. Und weil das Haus so schön war, hab ich es gleich mitgekauft. Es hat vier Stockwerke. Als ich es meinen Eltern gezeigt habe, haben sie vor Freude geweint. Mama gehört das erste Stockwerk. Dort hat sie das Krankenzimmer für ihre Patienten und ein großes Malstudio für sich selbst. Das zweite Stockwerk habe ich meinem Vater gegeben. Er hat einen Musikraum und ein Tanzstudio. Oma, Opa und Tante Lisbeth wohnen im dritten Stock und ich selbst wohne im vierten Stock. Dort habe ich fünf Zimmer: ein Kletterzimmer, einen Forscherraum, ein Gruselkabinett, ein Schwimmbad und eine Kinderdisco.

Soll ich noch weitererzählen? Oder sollte ich an dieser Stelle doch lieber sagen, dass all das natürlich nur dann passiert, wenn ich abends nicht einschlafen kann. Und meine Vorstellungen sind so aufregend, dass ich davon erst recht wach werde. Richtig müde bin ich dann erst morgens. Und Mama schimpft, weil ich dunkle Schatten unter den Augen habe. „Lola", sagt sie dann, „hast du wieder mal die halbe Nacht wach gelegen und dir Geschichten ausgedacht?" Wie ihr seht, heiße ich tagsüber also nicht Jacky Jones. Und 15 Jahre bin ich auch nicht alt.

Isabel Abedi

Leseinteresse	☆ ☆ ☆ ☆ ☆
Verständlichkeit	☆ ☆ ☆ ☆ ☆
Informationswert	☆ ☆ ☆ ☆ ☆

1. Bewerte den Text. Nutze dazu die Tabelle.

2. Was denkst du über Lolas Träume und Vorstellungen? Notiere.

____

____

____

3. Tausche dich mit einem Partnerkind über den Text aus. Nutze die ausgefüllte Tabelle und deine Notizen.

- eigene Gedanken zu Texten entwickeln, zu Texten Stellung nehmen und mit anderen über Texte sprechen – **Basis**

Über Träumer und Träume nachdenken …

1

2

3

4

1 Zu welcher Aussage möchtest du deine eigene Meinung aufschreiben? Färbe die Sprechblase.

2 Formuliere deine Meinung zu der Aussage.

- ☐ Ich stimme der Aussage zu,
- ☐ Ich stimme der Aussage nicht zu,

weil ______________________________

____

______________________________.

3 Welche Träume hast du? Notiere.

4 Tausche dich mit einem Partnerkind aus. Nutze deine Notizen.

Wunschmärchen der Brüder Grimm

Dornröschen

Im Märchen von Dornröschen spricht die beleidigte 13. Fee einen bösen Wunsch gegen die kleine Prinzessin aus. Sie soll sich in ihrem 15. Lebensjahr an einer Spindel stechen und tot umfallen. Zum Glück kann der böse Wunsch durch eine gute Fee gemildert werden. Aber was stößt Dornröschen zu?

Tischlein-deck-dich

Im Märchen vom Tischlein-deck-dich erhält der älteste Sohn nach der Lehrzeit bei einem Schreiner von seinem Herrn ein besonderes Tischlein. Wenn der Sohn den Wunsch nach Essen verspürt, muss er nur „Tischlein-deck-dich“ sagen, und es ist mit den köstlichsten Speisen bedeckt. Doch das Glück, solch ein Tischlein zu besitzen, dauert nicht lange …

Vom Fischer und seiner Frau

In diesem Märchen angelt ein bettelarmer Fischer einen Fisch, der sprechen kann und um sein Leben bittet. Der Fischer ist freundlich und lässt den Fisch wieder frei. Als Ilsebill, die Frau des Fischers, davon erfährt, schimpft sie, dass sich ihr Mann als Gegenleistung nichts gewünscht hat, z.B. eine kleine Hütte zum Wohnen. Der Fischer folgt seiner Frau, ruft den Fisch und äußert den Wunsch, der auch erfüllt wird. Doch schon bald ist Ilsebill nicht mehr zufrieden und will, dass ihr Mann dem Fisch immer größere Wünsche vorträgt. Wie lange wird der Fisch das Spiel mitmachen?

1 Welches der Märchen möchtest du in einem Märchenbuch der Brüder Grimm genau nachlesen? Begründe.

Ich möchte gerne das Märchen ______________________________

lesen, weil ______________________________

______________________________.

2 Frage ein Partnerkind, welches Märchen es ausgewählt hat. Tauscht euch aus und nutzt eure Notizen.

Böse Wünsche

Der Zauberer Irrwitzer und die Hexe Tyrannja wollen mit ihrem Wunschpunsch die Erde und die Menschen darauf vernichten. Dazu müssen sie viele Wunschgedichte vortragen. Aber die Sprüche bewirken nur das Böse, wenn sie genau das Gegenteil wünschen.
Deshalb sprechen Zauberer und Hexe nur gute Wünsche. Aber die beiden wollen natürlich, dass die böse Umkehrung eintrifft …

„Punsch aller Pünsche, erfüll meine Wünsche:
Zehntausend sterbende Bäume im Wald
soll'n wieder treiben
und die noch gesund sind, jung oder alt,
sollen's auch bleiben."

„Punsch aller Pünsche, erfüll meine Wünsche:
Keine einzige Tierart, ob nützlich, ob nicht,
soll mehr ausgerottet werden.
Sie soll'n leben, wie's ihrer Natur entspricht,
im Meer, in der Luft und auf Erden."

„Punsch aller Pünsche, erfüll meine Wünsche:
Wer mit Robbenfellen und Elfenbein
und dem Fleisch von den letzten Walen
Geschäfte macht, geht jämmerlich ein,
denn niemand mehr soll dafür zahlen."

Michael Ende

1 Zu welchem Wunschspruch möchtest du dich mit einem Partnerkind austauschen? Rahme ihn farbig ein.

2 Warum hast du gerade diesen Wunsch ausgewählt? Schreibe auf.

____

____

3 Stellt einander eure Notizen vor.

Miteinander leben

Das Fernseher-Versteck

Im Keller ihres Hochhauses entdecken Ferdi, Lutz und der Ich-Erzähler zufällig einen Raum, der voll ist mit neuen Fernsehern. Und dann sehen sie, wie Hausmeister Wansing einen weiteren riesigen Flachbildschirm-Fernseher in den Kellerraum trägt. Schnell verschwinden die drei Freunde nach draußen.

„Das ist Diebesgut“, sagte Ferdi. „Du meinst, Herr Wansing klaut Fernseher?“, fragte Lutz. Ferdi nickte. „Damit will ich nichts zu tun haben“, sagte Lutz. „Ich dachte, du willst was Spannendes erleben?“, sagte ich. „Aber nicht *so* spannend“, sagte Lutz und zuckte mit den Schultern. Dann sah mich Ferdi an. „Wir machen das, ja?“

Er hielt mir die Hand hin. Ich dachte erstmal, er will schleudern. Doch dann schlug ich ein. „Abgemacht“, sagte ich und sah zu Lutz. „Wenn wir Herrn Wansing der Polizei ausliefern, bekommen wir eine Belohnung!“ Lutz schaute noch immer grimmig. Doch dann lächelte er und schlug ein. „Na gut“, sagte er. „Ich mache mit.“

Jetzt kam Ferdi richtig in Fahrt. „Wir brauchen einen Schlachtplan“, sagte er. „Der Keller muss rund um die Uhr bewacht werden. Ich übernehme die erste Schicht. Du die zweite. Und Lutz die dritte.“ Ich nickte. Doch als Ferdi die Uhrzeiten nannte, zu denen wir den Keller bewachen sollten, war es vorbei mit dem Nicken.

Armin Kaster

1 Markiere mindestens sieben wichtige Wörter im Text. Trage die Wörter in das Abecedarium ein.

Abecedarium

A ______
B ______
C ______
D ______
E ______
F ______
G ______
H ______
I/J ______
K ______
L ______
M ______
N ______
O ______
P ______
Qu ______
R ______
S ______
T ______
U ______
V ______
W ______
X/Y/Z ______

Alles cool?

Anton macht mit seinen Großeltern Ferien auf einem Campingplatz an einem See. Als sie dort ankommen, ist Antons Enttäuschung groß: Es gibt keinen Swimmingpool und vor dem See ekelt sich Anton fürchterlich.

Am Abend war die Stimmung schlecht. Ich hatte mir in der Bar Chips und Eis geholt und mich vor den Fernseher im Wohnwagen gesetzt. Aber Oma und Opa wollten lieber mit mir spielen. Sie standen mit dem Mensch-ärgere-dich-nicht vor mir. „Ihr seid nun wirklich alt genug, um alleine zu spielen“, sagte ich zu Oma und Opa. Doch sie ließen nicht locker. Deshalb führte ich in der Werbepause ein ernsthaftes Gespräch mit ihnen. Es stellte sich dabei heraus, dass sie sich Sorgen um mich machten. „Alles cool“, sagte ich. „Ich bin okay!“ – „Aber du bist überhaupt nicht geschwommen“, fing Opa an. „Kannst du vielleicht nicht schwimmen?“, fragte Oma. Ich erklärte ihr den Unterschied zwischen schwimmen *können* und schwimmen *wollen*. Oma fand das immer noch schlimm: „Ohne Schwimmen hast du ja gar keine Freude in deinen Ferien. Ist das nicht langweilig?“ Opa nickte: „Darüber machen wir uns Sorgen.“ Ich wollte nicht, dass so eine Kleinigkeit meinen Großeltern die Ferien versaute. Also versprach ich, die nächsten Tage nicht wieder stundenlang mit versteinerter Miene und Sonnenbrille auf einem Baumstumpf zu sitzen. Ich versprach, mir Spielzeug mit zum See zu nehmen. Und ich versprach, andere Kinder kennenzulernen. „Alles klar?“ – So richtig überzeugt schienen sie noch nicht zu sein. Ich hielt Opa meine Hand hin: „Schlag ein, Kumpel.“ Er schlug ein. Dann gab ich Oma einen Handkuss. Und da lächelten sie endlich wieder.

Milena Baisch

1. Sammle Informationen über Anton für einen Steckbrief.

Notizen zu Anton
- macht Ferien mit den Großeltern
- …

2. Informiere dich z.B. im Internet über die Autorin Milena Baisch.
Ergänze die Angaben über die Autorin.

Milena Baisch wurde im Jahr ____________ geboren.

Sie ist in der Stadt ______________________________ aufgewachsen.

Für ihr Buch ______________________________ erhielt Milena Baisch den Deutschen Jugendliteraturpreis. So heißt ein weiteres Buch der Autorin:

____

Ein gefährlicher Spielplatz für die Vorstadtkrokodile

Das alte Ziegeleigelände*, auf dem sie standen und das seit Jahren verlassen lag und ihnen manchmal als Spielplatz diente – Tafeln warnten zwar vor dem Betreten des Geländes –, war etwa zwei Kilometer von der Papageiensiedlung entfernt, in der sie alle wohnten. Das Ziegeleigelände bot einen trostlosen Anblick, die Fensterscheiben im alten Bürogebäude waren längst zerbrochen, die Mauern waren morsch, die Dächer löcherig, und wenn ein Sturm tobte oder ein schweres Gewitter, dann fielen Dachpfannen** auf die Erde.

Es war nicht ungefährlich, in der Ziegelei zu spielen. Schon vor Jahren hätten die Gebäude abgerissen werden sollen, es hieß, auf dem Gelände werde ein Supermarkt errichtet, aber bislang war noch nichts passiert. Dass die Krokodiler da spielten, lag einfach daran, dass sie nirgendwo einen geeigneten Spielplatz fanden. In den Vor- und Hintergärten ihrer Siedlung war es verboten, und auf der Straße zu spielen war noch gefährlicher. Und wenn sie doch einmal in den Gärten spielten, dann hieß es nur: Ihr macht ja den Rasen kaputt … jetzt ist schon wieder alles schmutzig. Auf das Ziegeleigelände gingen sie immer dann, wenn ein Junge in ihre Bande aufgenommen werden wollte und die Mutprobe ablegen musste. Wer die Mutprobe nicht bestand, der wurde nicht aufgenommen.

Max von der Grün

* Fabrikgelände (oft mit Backsteingebäuden)
** Dachziegel

1 Lies den Text. Markiere alle Stellen, in denen der gefährliche Spielplatz beschrieben wird.

2 Zeichne den gefährlichen Spielplatz. Nutze alle Informationen, die du markiert hast. Du kannst deine Zeichnung auch beschriften.

Das gütige Pferd

Ein alter Löwe lag todkrank vor seiner Höhle.
Die Tiere, denen er bisher Angst eingejagt hatte,
freuten sich darüber. Sie ließen nun
ihren Hass an ihm aus.

Der Fuchs kränkte ihn mit Worten.

Der Wolf beschimpfte ihn derb.

Der Ochse stieß ihn mit den Hörnern.

Das Wildschwein kratzte ihn mit den Hauern.

Der Esel gab ihm mutig einen Fußtritt.

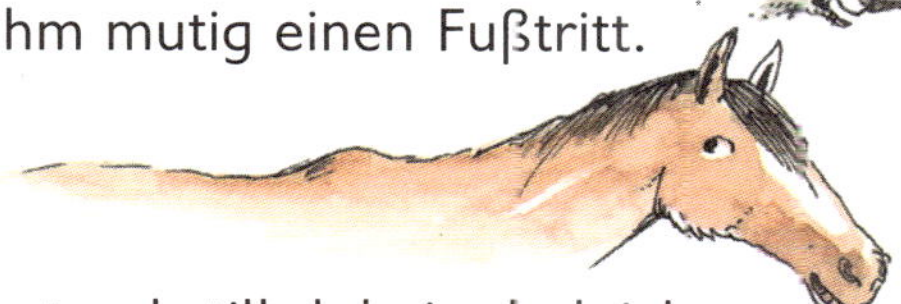

Nur das Pferd stand still dabei, obgleich
der Löwe seine Mutter gefressen hatte.

„Willst du ihm nicht auch etwas antun?“ fragte der Esel.

„Nein, ich möchte mich an keinem rächen, der wehrlos ist.“ sagte das Pferd.

Iwan Krylow,
erzählt von René Rilz

1 Was könnte der todkranke Löwe sagen? Was könnten die Tiere sprechen, während sie den Löwen quälen? Schreibe in die Sprechblasen.

2 Wie sprechen die verschiedenen Tiere? Übe, jede Äußerung passend (laut oder leise, wütend oder höhnisch …) vorzutragen.

3 Trage den Text einem Partnerkind vor.

Im Winter

Alle Jahre Widder

Fast alle Zugtiere machten Riesenfortschritte, nur mit den Kängurus und dem Kaninchen klappte es einfach nicht. Der Känguru-Schlitten schlingerte, hopste und bockte dermaßen, dass er am Himmel stets aussah wie ein auf und nieder springender Flummi. Die Kutscher verließen ihn jedes Mal blass im Gesicht und meldeten sich krank.

Es gelang Siggi schließlich, die Beuteltiere zur australischen Boden-Auslieferung zu versetzen, und die Kängurus leisteten dort fortan viele Jahre hervorragende Arbeit. Tja, und Widur, das außergewöhnlich kleine Kaninchen? Herrje. Es konnte in kein Gespann integriert werden. Es war einfach zu schwach. Aber es ließ sich nicht beirren.

„Wenn die anderen meinen, sie kommen besser ohne mich klar: in Ordnung“, erklärte es Siggi. „Dann zieh ich mein Ding eben allein durch.“

empört / leise

Um Widur ein Erfolgserlebnis zu verschaffen, besorgte Siggi einen Kinderschlitten und stellte ein einziges, leeres Päckchen darauf, damit er nicht völlig unbeladen aussah. Aber Widur bekam selbst den nicht von der Stelle.

„Die Kufen blockieren“, schnaufte er wütend. „Materialfehler!“

verwundert / wütend

„Die Kufen sind schon in Ordnung“, sagte Siggi vorsichtig zum ungezählten Mal. „Vielleicht fehlen dir doch ein paar Muckis. Wie wäre es, wenn du erst mal noch für ein paar Jahre Möhren knabberst?“

leise / ungeduldig

„Schaff mir einen anderen Wagen heran“, befahl Widur. „Und zwar in einwandfreiem Zustand, wenn ich bitten darf.“

zornig / freundlich

„Du bist ein sturer kleiner Bock“, brummte Siggi.

liebevoll / vorwurfsvoll

Schließlich trieb er einen winzigen Puppenschlitten auf. Bei sämtlichen Flugversuchen stürzte Widur auch damit ab, doch unten am Boden gelang es ihm, das Gefährt Stück für Stück von der Stelle zu zerren.

„He, Siggi!“, keuchte er. „Siggi, schau her! Superwidder im Einsatz!“ *lustig / bestimmt*

Siggi seufzte. „In ein paar Monaten brauchen wir jede Menge Osterhasen“, sagte er. „Wär das nichts für dich? Ich denke, ein Wachtelei könntest du schon tragen.“ *beruhigend / bittend*

„Ich bin kein Osterhase“, erklärte Widur. „Ich bin ein Widder. Und dabei bleibt's.“ *verunsichert / beleidigt*

Martin Klein

1 Lies die Geschichte. Welche Figuren sprechen in diesem Text? Notiere die Namen der Figuren.

____

2 Was sprechen die Figuren? Markiere mit unterschiedlichen Farben.

3 Wie sprechen die Figuren? Lies die Hinweise in der Randspalte. Streiche, was nicht zutrifft.

4 Übe, den Text mit der wörtlichen Rede vorzutragen.

5 Lies den geübten Text einem Partnerkind vor. Schätze deinen Vortrag ein. Bitte auch dein Partnerkind um eine Einschätzung.

Im Textvortrag mit der Stimme …	Selbsteinschätzung	Partnereinschätzung
… hörbar machen, dass verschiedene Figuren sprechen	☆ ☆ ☆ ☆ ☆	☆ ☆ ☆ ☆ ☆
… hörbar machen, wie die Figuren sprechen	☆ ☆ ☆ ☆ ☆	☆ ☆ ☆ ☆ ☆
… hörbar machen, wie der Erzähler spricht	☆ ☆ ☆ ☆ ☆	☆ ☆ ☆ ☆ ☆

Ein Schaf fürs Leben – die Schlittenfahrt

Eigentlich ist der von Hunger geplagte Wolf nur zum Stall gekommen, um Schaf zu verspeisen. Doch da er seinen freundlichen Gastgeber mit Stil verzehren möchte, läd er Schaf zunächst zu einem Ausflug nach Erfahrungen ein. Nun haben sich Wolf und Schaf mit dem Schlitten auf den Weg gemacht. Von Wolfs bösen Absichten ahnt Schaf nichts.

Vor ihnen lag das verschneite Tal. Tief unten war ein zugefrorener kleiner See.
„Wie schön“, flüsterte Schaf.
„Nicht wahr, nicht wahr?“, sagte Wolf vergnügt.
Mit dem Blick suchte er das Tal nach einer geeigneten Stelle ab. Der einsame See zum Beispiel.
„Wolf?“, sagte Schaf. „Ich find es so nett von dir, dass ich mitdarf nach Erfahrungen! Ist da alles aus Gold?“
„Alles“, antwortete Wolf.
„Und gibt's da auch Türme? Und Plätze?“, fragte Schaf.
„Haushoch und himmelsbreit“, antwortete Wolf.
„Und Brunnen und Parks?“, fragte Schaf.
„Limonadenbrunnen und Kleeparks“, sagte Wolf.
Schaf seufzte. „Lass uns schnell weiterfahren, Wolf. Ich kann es kaum erwarten. Ist es noch weit?“
Wolf antwortete nicht. Er hatte einen komischen Knoten im Magen und fummelte am Seil des Schlittens herum.
„Hast du immer noch so einen Hunger?“, fragte Schaf.
„Ach, halb so wild“, sagte Wolf.
„O doch. Du bist ganz blass. Wenn wir in Erfahrungen sind, musst du was essen“, sagte Schaf besorgt.
„Das mach ich“, sagte Wolf. Und er stieß sich mit seinen großen Füßen ab.
Der Schlitten sauste fast senkrecht ins Tal hinab.
Schafs Schal flatterte im Wind, und seine Ohren flatterten mit.
Wolf saß vorgebeut auf dem Schlitten. „Jiihaa!“, schrie er und ließ das Seil knallen wie eine Peitsche. Schaf klammerte sich an ihm fest.
„Hier kommen wir herangerollt
und meine Uhr, die ist aus Gold!“,
sang Wolf laut und stampfte mit einem Fuß auf den Schlitten.
Er fuhr eine scharfe Kurve.
„Pass auf!“, quiekte Schaf. Es machte die Augen ganz fest zu. Esel würde ihm morgen nicht glauben. Eine Schlittenfahrt mit einem dichtenden Sängerwolf aus Erfahrungen!
„Doch was ich am liebsten mag …“, sang Wolf.
„… das ist Hafer jeden Tag!“, johlte Schaf ausgelassen.

„Oder Schaffleisch als Belag!“,
sang Wolf mit sich
überschlagender Stimme.
„Was?“, rief Schaf
gegen den Wind.
„So eine Kälte heutzutag!“,
sang Wolf schnell.
Er ist ein richtiger Dichter,
dachte Schaf.

Maritgen Matter

1 Lies die Geschichte. Markiere mit unterschiedlichen Farben die Stellen im Text, an denen Wolf und an denen Schaf spricht.

Wolf Schaf

2 Wie sprechen Wolf und Schaf?
Trage drei passende Beschreibungen in die Tabelle ein.
Nutze die Wörter im Kreis.

Wolf	**Schaf**

unsicher, ängstlich, selbstsicher, mit tiefer, dunkler Stimme, mit zarter, leiser Stimme, wütend, fröhlich, leise, laut, gelangweilt, gespannt

3 Unterstreiche im Text Wörter, die beschreiben, wie die Figur gerade spricht.

4 Übe, den Text vorzulesen. Verändere dabei deine Stimme, damit man erkennen kann, ob Wolf, ob Schaf oder ob der Erzähler spricht.

5 Lies den geübten Text einem Partnerkind vor. Schätze deinen Vortrag ein.
Bitte dein Partnerkind um eine Einschätzung.

Im Textvortrag mit der Stimme …	**Selbsteinschätzung**	**Partnereinschätzung**
… hörbar machen, dass verschiedene Figuren sprechen	☆ ☆ ☆ ☆ ☆	☆ ☆ ☆ ☆ ☆
… hörbar machen, wie die Figuren sprechen	☆ ☆ ☆ ☆ ☆	☆ ☆ ☆ ☆ ☆
… hörbar machen, wie der Erzähler spricht	☆ ☆ ☆ ☆ ☆	☆ ☆ ☆ ☆ ☆

Von Tieren und Menschen

Blauwal und Pottwal

Zahnwale sind Raubtiere und ernähren sich von anderen Meeressäugern, Fischen und Tintenfischen. Der größte Zahnwal ist der Pottwal. Der größte Bartenwal ist der Blauwal. Bartenwale ernähren sich von Plankton.

Der Blauwal lebt unter anderem in den Gewässern der Antarktis. Kommt der Herbst, schwimmen die Tiere in Richtung Äquator. Dort verbringen die Blauwale den Winter in wärmeren Gewässern. Pottwale leben nur selten in der Antarktis. Sie mögen wärmere Gewässer.

Pottwale sind gute Taucher. Sie tauchen tiefer als alle anderen Wale – und zwar bis zu 3 000 Meter tief. Dort unten leben Tintenfische. Ein Pottwal frisst jeden Tag etwa eine Tonne Tintenfisch.

Der Blauwal ist mit einer Länge von mehr als 30 Metern und einem Gewicht von mehr als 200 Tonnen das größte Tier der Erde. Sein Herz ist so groß wie ein Auto. Der Pottwal hat einen besonders großen, kastenförmigen Kopf. Der Kopf nimmt etwa ein Drittel der Körperlänge ein. Im Kopf des Pottwals befindet sich ein fast 10 Kilogramm schweres Gehirn. Es ist das schwerste Gehirn im gesamten Tierreich. Schon bei der Geburt ist ein Blauwaljunges 7 Meter lang und wiegt 2 bis 3 Tonnen.

Blauwal

Gruppe von Pottwalen (Walschule)

1. Markiere im Text in jedem Abschnitt den ersten und den letzten Satz.

2. In welchem Abschnitt findest du Informationen über den Lebensraum der Wale? Kreuze an.
   - ☐ Abschnitt 1 ☐ Abschnitt 2 ☐ Abschnitt 3 ☐ Abschnitt 4

3. Prüfe, für welche Aufgaben der Text nützlich ist. Kreuze an.
   - ☐ eine Tabelle über Blauwal und Pottwal anlegen
   - ☐ einen Steckbrief über Blauwal und Pottwal erstellen
   - ☐ das Aussehen von Blauwal und Pottwal beschreiben

Riesen im Ozean

Wale leben im Wasser, sehen fast wie Fische aus und haben Flossen. Ihre große Schwanzflosse nennt man Fluke. Der Körper von Walen ist mit einer dicken Speckschicht umgeben, die man als Blubber bezeichnet.

Lebensraum und Körper

Dennoch sind Wale Säugetiere. Sie gebären ihre Jungen lebend und säugen sie mit Muttermilch. Wale können unter Wasser nicht atmen und müssen zum Luftholen regelmäßig auftauchen. Mit den Fischen sind sie nicht verwandt: Sie haben weder Kiemen, noch legen sie Eier.

Säugetiere

Es gibt etwa 80 verschiedene Arten von Walen. Man teilt sie in zwei Gruppen: Bartenwale und Zahnwale. Wale mit Zähnen gehen auf die Jagd.

Der gefährlichste Zahnwal ist der Schwertwal (auch Orca genannt). Er wird bis zu 9 Meter lang und 4 Tonnen schwer. Die Rückenflosse der Männchen kann bis zu 2 Meter hoch werden. Schwertwale leben von Fischen, Pinguinen, Robben und Seevögeln. Sie sind die gefährlichsten Raubtiere der Meere und können in Gruppen sogar Finnwale erlegen.

1. Lies in jedem Abschnitt jeweils den ersten und letzten Satz.
2. In welchem Abschnitt findest du Informationen zur Unterscheidung von Walen? Rahme den Abschnitt ein.
3. Ordne die folgenden Begriffe als Randnotiz an die passende Textstelle.

   Nahrung   Atmung   Größe/Gewicht   Wahlarten
4. Prüfe, für welche Aufgaben der Text nützlich ist. Kreuze an.
   - ☐ Ich finde im Text Angaben zur Wanderung von Walen.
   - ☐ Ich möchte einen Steckbrief über Wale erstellen.
   - ☐ Ich finde im Text Angaben zum Aussehen und zur Nahrung von Walen.

Gefahren für Wale

KIDS. GREENPEACE
ANMELDEN Newsletter

GREENPEACE NACHRICHTEN THEMEN MITMACHEN VIDEOS

Thema: Wale in Gefahr 01. Februar

Drama um gestrandete Wale

Nachdem in den letzten Wochen viele Pottwale an der deutschen Nordseeküste gestrandet sind, wurde nun auch ein Orca (Killerwal)* auf einem Sylter Strand tot aufgefunden.

☐ ➲ Mehr erfahren

Thema: Wasser 25. Januar

Chemie im Schlafsack

Beim Campen und Wandern denken die meisten Menschen wohl nicht an Chemie. Doch in Zelten, Rucksäcken, wetterfesten Schuhen und Jacken stecken fast immer gefährliche Chemikalien.

☐ ➲ Mehr erfahren

Thema: Bienen 18. Januar

Bienenfreundlicher Supermarkt

Giftige Spritzmittel sind für Bienen eine große Gefahr. Eine Supermarktkette will in Zukunft nur noch Obst und Gemüse aus bienenfreundlichem Anbau verkaufen.

☐ ➲ Mehr erfahren

Thema: Meere und Wale 05. Januar

Plastik im Walmagen

Das Plastikmüllproblem in den Meeren ist gewaltig: Forscher haben im Magen eines Orcas Joghurtbecher, Suppentüten und anderen Verpackungsmüll entdeckt.

☐ ➲ Mehr erfahren

Thema: Wasser 23. November

Kleidertausch statt Wegwerf-Mode

Mach doch mal den Test: Wie viel Kleidung versauert in deinem Schrank, weil du die Teile nie anziehst?

☐ ➲ Mehr erfahren

1 In welchen Nachrichten findest du Informationen über Wale? Rahme das Kästchen farbig ein.

*Schwertwal

2 In welchen Nachrichten findest du Informationen über Gefahren für Wale? Färbe das Kästchen.

3 Suche im Internet nach weiteren Informationen über Wale.

Notiere die Adresse: ______________________________

Stopp den Walfang!

1. Gib den Begriff **Walfang** auf www.blinde-kuh.de ein.

2. Welcher Treffer interessiert dich am meisten? Notiere die Überschrift des Treffers.

____

3. Gehe auf die Website des Treffers und verschaffe dir einen Überblick.
Zu welchen Themen kann man sich auf der Website informieren?

____

____

Welches Thema möchtest du anklicken, um dich genauer zu informieren?

____

4. Wie findest du die Website? Kreuze an.

- ☐ übersichtlich
- ☐ verständlich
- ☐ interessant
- ☐ unübersichtlich
- ☐ kompliziert
- ☐ langweilig

Kreuz und quer durch unser Land

Sehenswürdiges

Auf dem Schaubild findest du einige der höchsten Gebäude und Türme in Deutschland. Die meisten Hochhäuser stehen übrigens in Frankfurt am Main.

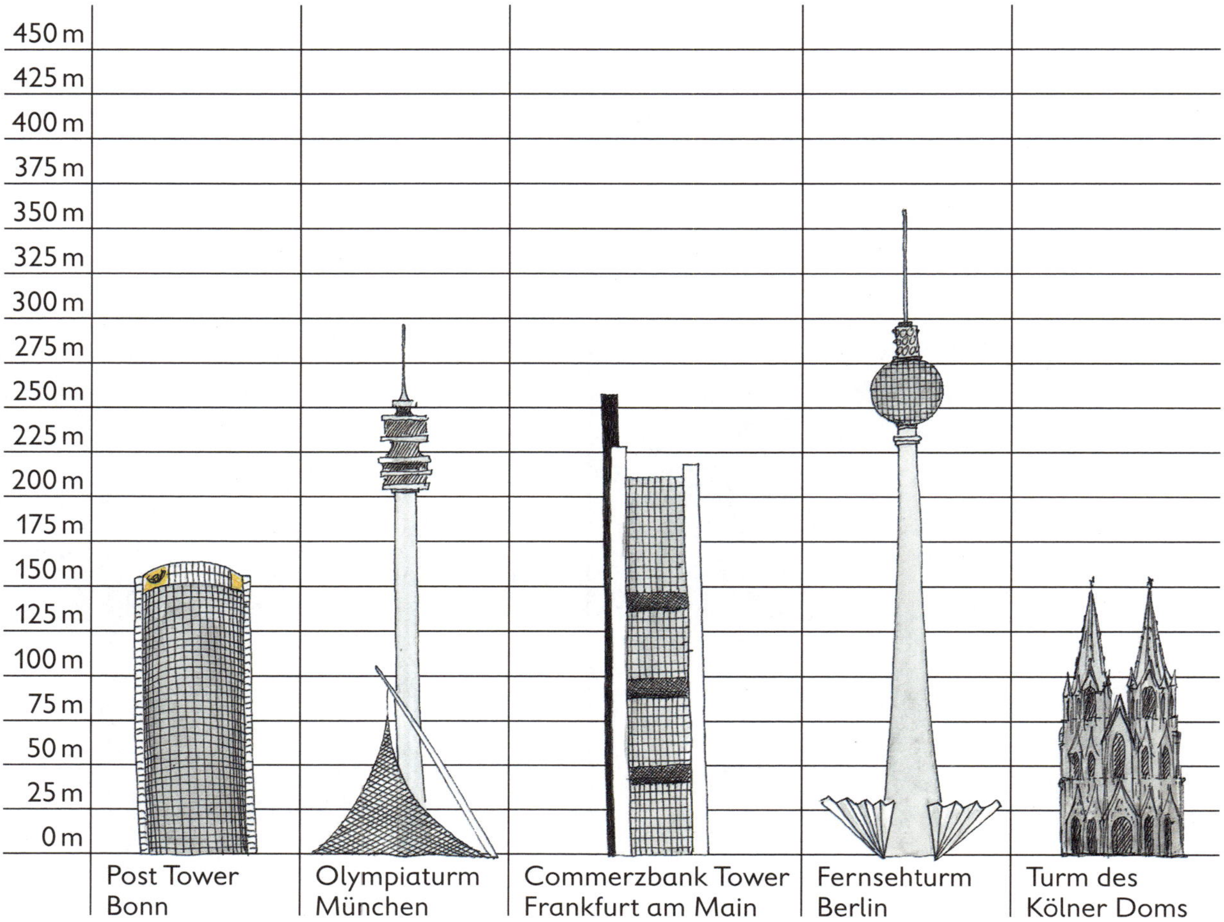

1 Worüber informiert das Schaubild? Streiche die falschen Aussagen.
Das Schaubild informiert über die **wichtigsten/höchsten/ungewöhnlichsten** Gebäude und Türme in **Deutschland/Berlin/Köln**.

2 Welche Angaben findest du über die Gebäude und Türme? Kreuze an.

- ☐ Höhe in Kilometern
- ☐ Breite in Metern
- ☐ Höhe in Metern
- ☐ Länge in Zentimetern

3 Betrachte das Schaubild. Ergänze den Lückentext.

Das höchste Gebäude steht in ______________________________.

Das niedrigste Gebäude steht in ______________________________.

Burgenreiche Länder

In Deutschland soll es insgesamt etwa 20 000 bis 25 000 Burgen gegeben haben. Die meisten stehen schon lange nicht mehr. Es wird vermutet, dass noch ungefähr 5 000 bis 8 000 Burgen vorhanden sind.

Grützpott

Manche Burgen haben besondere Namen, wie die Burg in Stolpe im Land Brandenburg. Der Turm verdankt seinen Namen der Sage nach einer Belagerung. Der Turm soll ein Raubritternest gewesen sein. Bei einem seiner Raubzüge soll der Anführer der Raubritter ums Leben gekommen sein. Als die umliegenden Bauern davon erfuhren, wollten sie die Raubritterburg endgültig vernichten und die anderen Raubritter verjagen. Sie griffen den Turm an und eroberten ihn. Der Sage nach sollen die Verteidiger Grützbrei, den sie gerade fertig gekocht hatten, auf die Belagerer hinabgegossen haben. Seitdem heißt der Turm *Grützpott*.

Burgen im Osten Deutschlands

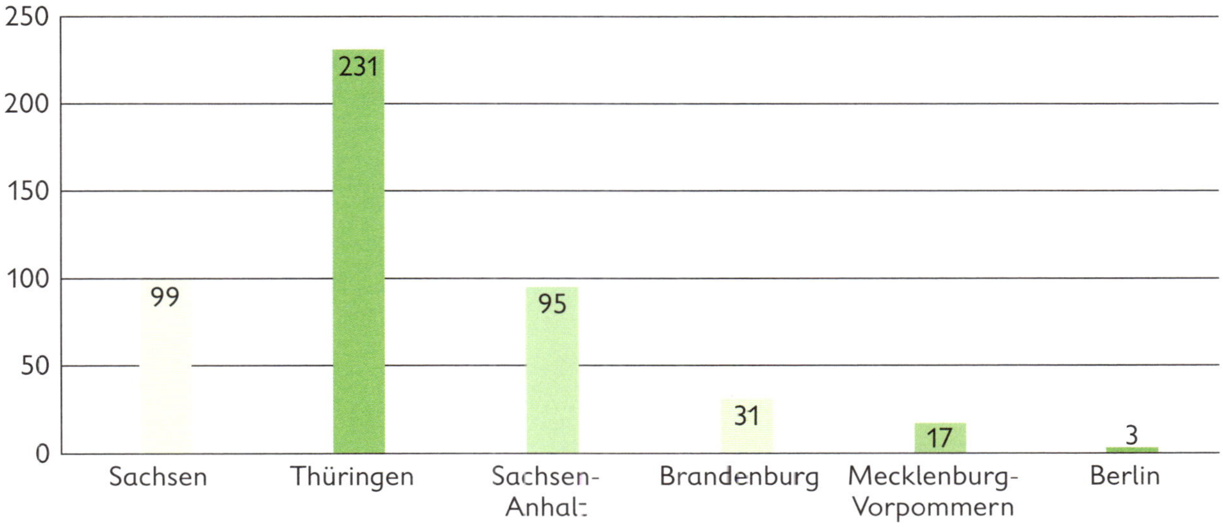

1 Worüber informieren der Text und das Diagramm? Schreibe auf.

2 Betrachte das Diagramm. Streiche die falschen Aussagen.
Das Diagramm ist ein **Kreisdiagramm/Schaubild/Säulendiagramm**.
Im Bundesland **Mecklenburg-Vorpommern/Thüringen/Sachsen** stehen noch die meisten Burgen.
In **zwei/drei/vier** Bundesländern gibt es noch über 50 Burgen.
Das Land **Berlin/Brandenburg/Sachsen** hat die wenigsten Burgen.
In Sachsen-Anhalt gibt es **mehr/weniger** Burgen als in Sachsen.

Kiek mal, Berlin!

1 Gute Aussicht und noch mehr

Mitten im Zentrum Berlins nahe dem Alexanderplatz mit der Weltzeituhr steht der Berliner Fernsehturm. Mit 368 Metern ist der Turm das höchste Bauwerk Deutschlands. Jährlich besucht rund eine Million Menschen den Aussichtsturm, der auch mehrere Sender für Hörfunk und Fernsehen beherbergt. In der Aussichtskugel befindet sich ein Drehrestaurant, das sich innerhalb einer Stunde einmal um die eigene Achse dreht.

2 Zungenbrecher

Auf dem Fernsehturm turnt ein Wurm.
Das ist der Fernsehturmturnwurm.
Der turnt auf dem Turnwurmfernsehturm
ziemlich wild. – Und immer,
wenn der Fernsehturmturnwurm
auf dem Turnwurmfernsehturm turnt,
wackelt bei uns das Bild.

Gottfried Herold

1. Um welche Sehenswürdigkeit geht es in beiden Texten?
Kreise ein.

Alexanderplatz   Fernsehturm   Weltzeituhr

2. Welche Unterschiede stellst du zwischen den beiden Texten fest?
Schreibe auf.

____

3. Untersuche die Textart jedes Textes. Streiche die falschen Aussagen.
Begründe deine Entscheidung.

Text 1 ist ein **Sachtext**/ein **Gedicht**/eine **Sage**, weil ____________________

____.

Text 2 ist ein **Sachtext**/ein **Gedicht**/eine **Sage**, weil ____________________

____.

Sagenhaftes

De Bure un de Murxe
(Teltower Mundart)

Een Bure woar nao Trebbin tu Veihmarcht metten Stück Veih jewest un häddet vaköfft for nein Daoldare un junk tu Hus dörch Wietstock. Ha kam vörr den Fort vörbei, wo de Padden oa Murxe drin sitten. Janße jrote waoren dao! Dat waor int Fröhjaohr. Nu schreien immer de Murxe: „Ach, ach, ach!“ Dao säd de Bure: „It is nich waohr, neine hebb' ick jekrän!“ Äbba de Frösche laoten nich nao un schreien immaßu: „Acht, acht!“ Drupp werd de Bure ärjalich und säd: „Ick wer't jau wiesen!“ und ha fot nao de Tasche, nammt de nein Daoldare un smitt se rin naot Waota. Bumms! sinn se stille. „Dach“, säd ha, „nu hebben se jesien, dat dat neine waoren.“

Brandenburgia

Der Bauer und die Murxe
(Hochdeutsch)

Ein Bauer war nach Trebbin zum Viehmarkt mit einem Stück Vieh gewesen und hat es verkauft für neun Taler. Er ging nach Hause durch Wietstock am Graben vorbei, wo die Padden oder Murxe drin sitzen. Ganze große waren da! Das war im Frühjahr. Nun schreien immer die Murxe: „Ach, ach, ach!“ Da sagt der Bauer: „Es ist nicht wahr, neun habe ich gekriegt!“ Aber die Frösche lassen nicht nach und schreien immerzu: „Acht, acht!“ Darauf wird der Bauer ärgerlich und sagt: „Ich werde es euch beweisen!“ und fasst in die Tasche, nimmt die neun Taler und schmeißt sie rein ins Wasser. Bums! sind sie still. „Da“, sagt er, „nun haben sie gesehen, dass es neun waren.“

Aus Brandenburg

Vergleiche die beiden Texte.

1 Unterstreiche in beiden Texten die Namen der Orte, an denen die Sage spielt.

2 Finde fünf Wörter, die in beiden Texten gleich sind. Notiere die Wörter.

____

3 Finde die Angabe, zu welcher Jahreszeit die Sage spielt. Zeile: __________

4 Ergänze die Tabelle.

Teltower Mundart	Hochdeutsch
Veihmarcht	
	sitzen
de Bure	
	neun Taler
Waota	

Seltsames und Interessantes

Das seltsame Rezept

Es ist sonst kein großer Spaß dabei, wenn man ein Rezept in die Apotheke tragen muss; aber vor langen Jahren war es doch einmal ein Spaß. Da hielt ein Mann von einem entlegenen Hof eines Tages mit einem Wagen und zwei Stieren vor der Stadtapotheke still, lud sorgsam eine große, tannene Stubentür ab und trug sie hinein.

Der Apotheker machte große Augen und sagte: „Was wollt Ihr da, guter Freund, mit Eurer Stubentüre?“ Dem sagte der Mann, der Doktor sei bei seiner kranken Frau gewesen und habe ihr wollen ein Tränklein verordnen, so sei in dem ganzen Haus keine Feder, keine Tinte und kein Papier gewesen, nur eine Kreide.

Da habe der Herr Doktor das Rezept an die Stubentüre geschrieben, und nun solle der Herr Apotheker so gut sein und das Tränklein kochen. Item, wenn es nur gut getan hat. Wohl dem, der sich in der Not zu helfen weiß.

Johann Peter Hebel

1. Finde passende Zwischenüberschriften und trage sie ein.
2. Markiere die Botschaft im Text.
3. Was meint Johann Peter Hebel damit?
   Tausche dich mit einem Partnerkind aus.
4. Kennt ihr eine ähnliche Situation, die zur Botschaft des Textes passt?
   Erzählt davon.

Als Till Eulenspiegel Turmbläser war

____

Der Graf von Anhalt lebte auf einer großen Burg, hatte viele Reichtümer und sah sich stets von Raubrittern bedroht. Bei ihm trat Till Eulenspiegel den Dienst eines Turmbläsers an. Das heißt, er musste den lieben langen Tag hoch oben im Turm der Burg sitzen und Ausschau nach Feinden halten. Wenn er sie sah, so sollte er laut in sein Horn blasen.

____

Da saß der arme Till nun Tag um Tag und schaute sich in der Gegend um. Doch während sein Dienstherr mit seinen Rittern stets gutes Essen auf dem Tisch hatte, vergaß man Till Eulenspiegel vollkommen. Und so laut der auch rief, niemand da unten im Burghof hörte ihn. Aber es war Till Eulenspiegel bei größter Strafe verboten, den Turm zu verlassen.

____

Was also tun? Da sah er am Horizont schon die Feinde kommen! Doch dieses Mal tat er nicht, wie man ihm befohlen hatte. Er blies nicht in sein Horn, um vor den Feinden zu warnen. Schon hatten die Raubritter alles gestohlen, was sich ihnen in den Weg stellte.

____

Kaum aber war der Angriff vorbei, da stürmte der Graf in voller Rüstung auf den Turm hinauf, auf dem Till Eulenspiegel mit seinem Horn saß. Natürlich stellte der Graf ihn sofort zur Rede: „Warum hast du uns nicht vor den Feinden gewarnt?“, fragte er ziemlich böse. Doch anstatt auf die Frage zu antworten, sagte Till Eulenspiegel nur: „Warum hast du mir kein Essen geschickt? Bevor man nicht gegessen hat, kann man auch nicht ins Horn blasen.“

Neu erzählt von Martina Meier

1. Finde passende Zwischenüberschriften und trage sie ein.
2. Markiere die Botschaft im Text.
3. Formuliere die wichtigste Aussage mit eigenen Worten.

   Ich denke, die Erzählerin meint, dass ______________________________

   ____

   ____.

4. Kennst du eine ähnliche Situation, die zur Botschaft des Textes passt? Erzähle sie einem Partnerkind.

Wolfsgeschichte

Ich bin der Stärkste im ganzen Land!

Erzähler *Der Wolf spaziert durch den Wald. Er will mal wieder hören, dass er der Größte und Stärkste im ganzen Land ist. Denn das hört der Wolf einfach am liebsten. Rotkäppchen, der kleine Hase und die drei Schweine haben das schon bestätigt. Da begegnet er einem komischen kleinen Kröterich.*

Wolf Hallo, du Quabbelwabbel. Bestimmt weißt auch du, wer der Stärkste im ganzen Land ist?

Kröterich Aber natürlich weiß ich das. Das ist meine Mama!

Wolf *(schreit)* Waaas? Du armer Wasserspeier! Du misslungene Artischocke! Du Speckkopf! Du willst wohl Ärger! Hab ich dich falsch verstanden? Also noch mal in aller Ruhe: *(schreit)* Wer ist der Stärkste im ganzen Land?

Kröterich *(frech)* Aber das hab ich doch schon gesagt! Das ist meine Mama. Die ist die Stärkste! Und die Liebste – außer zu denen, die böse zu mir sind! Und du? Wer bist du?

Erzähler *Die Drachenmutter erscheint hinter ihrem Kind.*

Wolf *(leise)* Ich, öhm, ich … ich bin der liebe kleine Wolf.

Erzähler *Und mit diesen Worten machte er sich so schnell wie möglich aus dem Staub.*

Mario Ramos

1 Was ist das für ein Text? Kreuze an und begründe deine Entscheidung.

☐ Erzählung ☐ Gedicht ☐ Szene

____

____

2 Markiere die Rollen der Figuren mit unterschiedlichen Farben.

3 Unterstreiche die Regieanweisungen.

4 Suche dir Partnerkinder. Lest die Geschichte mit unterschiedlichen Rollen. Ihr könnt sie auch spielen.

Tiergeschichten

Der Fuchs ohne Schwanz

Ein Fuchs verfing sich im Wald in einer Falle. Es gelang ihm zwar, sich zu befreien, doch büßte er dabei seinen schönen Fuchsschwanz ein. Um nicht allein lächerlich zu wirken, versuchte er die anderen Füchse zu überreden, auch ihren Schwanz abzulegen. Wie ein großer weiser Redner hob er an zu sprechen: „Erstens läuft es sich ohne einen Fuchsschwanz viel eleganter und bequemer, zweitens ist er viel zu auffällig, drittens hält er uns im Laufen doch oft auf und viertens duftet er nicht immer frisch.“ – „Sei doch still“, rief da ein alter Fuchs ihm zu, „deine Rede ist ja lächerlich. Du bist doch nur neidisch und versuchst uns das schlechtzumachen, was dir selbst fehlt.“

Friedrich von Hagedorn,
nacherzählt von Sabine Tauber

Was soll *ich* da erst sagen?

Nur leise spricht der Elefant,
der mit dem zu kurzen Rüssel:
„Ich bin das traurigste Tier im Land
und trinke aus keiner Schüssel.“

„Was soll *ich* da erst sagen?“,
sagt die Giraffe, die ohne Hals:
„So pflück ich die Kirschen doch
keinesfalls!“

„Was soll *ich* da erst sagen?“
Der Spinne Elvira fehlen sechs Beine:
„Mir bleibt ja von all den Fliegen
nicht eine!“

Martin Baltscheit

1 Was sind das für Texte? Kreuze an und begründe.

Der Fuchs ohne Schwanz: ☐ Erzählung ☐ Gedicht ☐ Szene

Begründung: ____________________

____

Was soll *ich* da erst sagen: ☐ Erzählung ☐ Gedicht ☐ Szene

Begründung: ____________________

____

2 Vergleiche die Texte.

Gemeinsamkeiten: ____________________

Unterschiede:

Der Fuchs ohne Schwanz	Was soll *ich* da erst sagen?

Im Frühling

Der Hase und die Frösche

Ein Hase saß in seinem Lager und grübelte. „Wer furchtsam ist“, dachte er, „ist eigentlich unglücklich dran! Nichts kann er in Frieden genießen, niemals hat er ein ungestörtes Vergnügen, immer gibt es neue Aufregung für ihn. Ich schlafe vor Angst schon mit offenen Augen. Das muss anders werden, sagt mir der Verstand. Aber wie?“

So überlegte er. Dabei war er aber immerwährend auf der Hut, denn er war nun einmal misstrauisch und ängstlich. Ein Geräusch, ein Schatten, ein Nichts – alles erschreckte ihn schon.

Plötzlich hörte er ein leichtes Säuseln. Sofort sprang er auf und rannte davon. Er hetzte bis an das Ufer eines Teiches. Da sprangen die aufgescheuchten Frösche alle ins Wasser. „Oh“, sagte der Hase, „sie fürchten sich vor mir! Da gibt es also Tiere, die vor mir, dem Hasen, zittern! Was bin ich für ein Held!“

Da kann einer noch so feige sein, er findet immer einen, der ein noch größerer Feigling ist.

Jean de La Fontaine

1 Lies den Text genau. Setze Randnotizen (✓, ?, !) links neben den Text. Orientiere dich am Lesetraining (siehe Lesefreunde 4, Seite 126).

2 Notiere ein Wort oder eine Textstelle, die du nicht verstanden hast. Kläre die Bedeutung.

____

____

____

3 Tausche dich mit einem Partnerkind über die Textstellen mit Ausrufezeichen aus.

Der Zitronenfalter – Falter mit Frostschutz

Schmetterlinge Anfang Februar, das gibt's doch nicht! Doch! Den Zitronenfalter.

Völlig mit Eiskristallen bedeckt saß er im Winter auf einem Ast oder Halm im Wald. Er ist bei uns der einzige Schmetterling, der nicht in einem geschützten Versteck überwintert. Wenn im November die Temperaturen sinken, fällt er in Winterstarre – wenn es im Februar wieder wärmer wird, erwacht er zu neuem Leben. Kaum scheinen die ersten etwas wärmeren Sonnenstrahlen, schon kann er seine Flügel ausbreiten und losfliegen.

Vielen anderen Tieren würde bei Frost die Flüssigkeit im Körper gefrieren – sie würden sterben. Der Zitronenfalter aber hat einen ganz besonderen Trick: Vor dem Winter gibt er mit Kot und Harn sehr viel Wasser ab. Damit verdickt er seine Körpersäfte. Außerdem kann er ein Frostschutzmittel herstellen, mit dem er das Wasser in seinem Körper am Einfrieren hindert. Das funktioniert genauso wie das Frostschutzmittel im Kühler oder in der Scheibenwischanlage eines Autos.

Die meisten anderen Schmetterlingsarten überwintern im Versteck als Ei, Raupe oder Puppe. Als ausgewachsene Falter würden sie den Winter nicht überstehen – sie beherrschen den Frostschutztrick des Zitronenfalters nicht. Da er schon als fertiges Insekt überwintert, kann er im Frühling als Erster herumflattern. Klasse, was?

Gerd Röder

1 Lies den Text genau. Setze Randnotizen (✓, ?, !) neben den Text. Orientiere dich am Lesetraining (siehe Lesefreunde 4, Seite 126).

2 Notiere ein Wort oder eine Textstelle, die du nicht verstanden hast. Kläre die Bedeutung.

____

____

____

3 Tausche dich mit einem Partnerkind über die Textstellen mit Ausrufezeichen aus.

Was fliegt und flattert durch die Frühlingsluft?

1 Finde die fünf fliegenden Tiere im Buchstabengitter und färbe die Kästchen.

K	T	V	O	P	A	A	C	M	S	B	U	L	X	N	E
R	B	A	K	F	A	L	T	E	R	I	S	I	E	A	T
I	L	F	A	R	K	O	M	T	S	T	N	B	I	M	U
F	H	U	M	M	E	L	R	W	O	L	Y	E	K	S	L
A	O	R	S	D	N	F	L	R	Y	U	A	L	B	E	A
L	T	I	A	P	U	S	H	O	T	D	Z	L	H	L	E
M	A	U	E	R	S	E	G	L	E	R	V	E	R	H	W
U	P	Z	L	E	H	S	A	Z	T	C	M	V	A	M	S

2 In jedem Satz ist ein Wort zu viel. Kreise dieses Wort ein.
Schreibe dieses Wort jeweils unten auf die Linie. So entsteht ein Lösungssatz.

Vom Ei zum Schmetterling

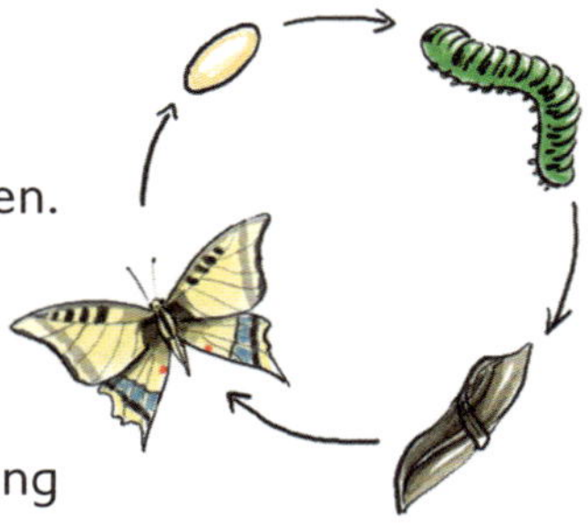

1 Falter gedankenlose legen Eier.
2 Die Eier kleben sie auf Menschen Pflanzen.
3 Aus den Eiern schlüpfen nach jagen ungefähr zehn Tagen Raupen.
4 Vier Wochen lang fressen die Raupen und sich satt.
5 In fangen der Zeit häuten sie sich viermal.
6 Dann verwandeln sie sich Schmetterlinge zur „Puppe“.
7 In der starren Hülle der Puppe vollzieht aus sich die Umwandlung zum Schmetterling.
8 Das dauert Spaß ungefähr zwei Wochen.

1 ____________ 2 ____________ 3 ____________ 4 ____________

5 ____________ 6 ____________ 7 ____________ 8 ____________

3 Finde den Fehler im Text und unterstreiche ihn.

Wissenswertes über Schmetterlinge

Schmetterlinge findet man fast überall auf der Welt. Nur in sehr kalten Gegenden gibt es keine Schmetterlinge. Auf Feldern und Wiesen, in Gärten, an Büschen und in Wäldern kann man Schmetterlinge finden. Fast überall dort, wo Pflanzen sind, können die schönen Tiere weben. Schmetterlinge werden auch „Falter“ genannt. Diese Bezeichnung hat aber nichts mit dem Verb *falten* zu tun, sondern kommt von dem Verb *flattern*.

Erdkröten – einfach phänomenal!

1 Lies genau und nummeriere die Zeilen in den Texten in der richtigen Reihenfolge.

1	Die Erdkröte ist in
	Deutschland sehr verbreitet.
	Mit einer Größe von etwa
	eine unserer größten
	elf Zentimetern ist sie
	Amphibienarten.

1	Viele ehrenamtliche
	Helferinnen und Helfer
	gefährlichen Wanderung zu
	versuchen, Kröten auf ihrer
	ihrem Laichgewässer
	zu beschützen.

2 Bringe die folgenden Textabschnitte in die richtige Reihenfolge.

Die Krötenhaut – eine Verteidigungsanlage

1 Kröten zählen zu den Amphibien wie auch Frösche und Molche. Alle diese Tiere leben immer oder vorübergehend im Wasser und sind auf eine ständig feuchte Haut angewiesen. Im Gegensatz zu uns atmen sie nämlich auch mit ihrer Haut. Unsere einheimische Erdkröte nimmt ein Viertel des gesamten Sauerstoffs, den sie zum Leben benötigt, durch die Haut auf. Diese Hautatmung funktioniert allerdings nur, wenn die Körperoberfläche ständig feucht bleibt.

☐ In der Natur geschieht das selten, weil die Kröte wegen des unangenehmen Schleimes von vielen Tieren gemieden oder von ihrem Feind sehr schnell wieder ausgespuckt wird.

☐ Der Schleim enthält Stoffe, von denen es den Bakterien ziemlich übel wird, und sie können sich aus diesem Grund schlecht vermehren. Natürlich wäre so eine fette Kröte auch ein ziemlich guter Leckerbissen für andere Tiere. Wird unsere Erdkröte angegriffen, macht sie sich richtig groß, um den Angreifer zu erschrecken.

☐ Auf einer feuchten Haut können sich aber besonders gut Bakterien und andere Kleinstlebewesen vermehren. Was gut für die Bakterien ist, ist ziemlich schlecht für die Krötenhaut. Deshalb sitzen in der Krötenhaut viele kleine Drüsen, bei einem Laubfrosch zum Beispiel pro Quadratmillimeter 130 Schleimdrüsen.

☐ Hat diese Drohhaltung keinen Erfolg, setzt die Erdkröte noch ihre Geheimwaffe ein. In Augennähe sieht man auf jeder Seite des Kopfes zwei dicke Wülste. Darin befinden sich Giftdrüsen, die bei Gefahr ein milchiges Sekret bilden, das so gefährlich ist, dass es das Herz des Angreifers lähmen kann. Um diese starke Wirkung zu entfalten, müsste es aber in die Blutadern des hungrigen Feindes kommen.

Hans Bahmer

Unsere Welt

Flieger am Himmel

In der Geschichte „Flieger am Himmel" erzählt ein Mädchen von schlimmen Erlebnissen in seinem Heimatland, in dem Krieg herrscht.
Das Mädchen konnte mit seiner Familie fliehen und lebt nun in Deutschland.

In dem Land, in dem ich jetzt lebe, haben wir einen Balkon. Wir wohnen in einem Haus mit vielen Etagen. Auf dem Balkon, in zwei Kästen, wachsen gelbe Stiefmütterchen. Ich habe sie zusammen mit meiner Mama gepflanzt.
Es ist besser, vom Balkon auf die Gärten zu sehen, in denen die Bäume auch hier im Frühling weiß und zartrosa blühen. Nun hängen sie voller Äpfel und Pflaumen, und oft kann ich Kinder sehen, die in einem der Gärten spielen.
Sie haben eine Schaukel und spielen Verstecken und haben manchmal auch ihre Puppen dabei. Wenn sie wüssten, dass ich hier oben wohne und zu ihnen hinuntersehe … Wenn sie wüssten, dass ich auch einmal einen Garten hatte, und dass ich weiß, wie man Verstecken spielt und Suppe für Puppen kocht … Ich möchte es ihnen so gerne erzählen, aber ich bin fremd hier und traue mich nicht.

Annette Herzog

1 Warum traut sich das Mädchen nicht, die anderen Kinder anzusprechen?
Was könnte es denken?

2 Was denken wohl die anderen Kinder über das Mädchen auf dem Balkon?
Tausche dich mit einem Partnerkind aus.

- bei der Beschäftigung mit literarischen Texten Sensibilität und Verständnis für Gedanken und Gefühle und zwischenmenschliche Beziehungen zeigen – **Basis**

LF S.148/149

Akim rennt – die Flucht

Nachdem Akims Dorf plötzlich angegriffen wird, rennt Akim ängstlich los und gerät in Gefangenschaft. In einem günstigen Augenblick gelingt ihm die Flucht. Doch nun irrt er allein durch die Berge.

Nachdem er stundenlang durch das Gebirge gelaufen ist, entdeckt er eine Gruppe Flüchtlinge. Er rennt zu ihnen. Eine alte Frau streckt ihm die Hand hin. Sie trägt einen Säugling in den Armen. Sie laufen, bis sie völlig erschöpft sind.

Als die Nacht hereinbricht, gelangen sie zu einem Fluss: Die Grenze! Ein Fischer nimmt sie in sein Boot und macht sich mit ihnen auf den Weg. Akim friert die ganze Nacht. Am Morgen erreichen sie das andere Ufer. Sie laufen weiter in Richtung des Dorfes Mapam.

Auf dem Weg begegnen sie dem Laster einer Hilfsorganisation, der sie mitnimmt und in ein Flüchtlingslager bringt. Dort bekommen sie zu essen und können sich waschen. Für die Nacht haben sie ein Bett zum Schlafen.

Im Lager ist Akim in Sicherheit. Aber er denkt unaufhörlich an seine Familie und an alles, was er gesehen hat. Mit den anderen Kindern zu spielen, gelingt ihm nicht.
Eine Ärztin kommt und spricht mit ihm. Abends lauschen sie alle gemeinsam den Märchen aus Tausendundeiner Nacht.

Häufig trauert Akim um seine Familie und denkt an früher.
Aber eines Tages ruft der Leiter des Lagers Akim zu sich.

Man hat seine Mama gefunden …

Claude K. Dubois

1 Welche Figuren helfen Akim auf seiner Flucht? Markiere im Text.

2 Wähle eine Figur aus. Was denkt die Figur wohl über Akim?
Schreibe in die Denkblase.

3 Was denkt Akim wohl, als ihn der Leiter des Lagers ruft?
Schreibe in die Denkblase neben dem Bild von Akim.

Ich kenn ein Land, das du nicht kennst …

Ich kenn ein Land, das du nicht kennst,
da klettern die Ziegen auf Bäume,
und dieses Land heißt Marokko.

Das Königreich Marokko liegt im Nordwesten Afrikas. In Marokko ist es sehr heiß und trocken. Immer mehr Land wird zu Wüste, und die Viehherden finden nicht viel Nahrung. Deshalb klettern die Ziegen in die riesigen Kronen der Arganbäume und fressen sich dort an Blättern und Früchten satt. Man bräuchte ungefähr 70 Kinder, die mit ausgebreiteten Armen einen Kreis bilden, um so eine Baumkrone zu umfangen.
Die Früchte der Arganbäume sind sehr wertvoll, aber wegen der spitzen Dornen für die Menschen nur schwer zu erreichen.
Praktisch, dass die Ziegen bei der Ernte helfen: Die Berberfrauen sammeln nämlich einfach die Ziegenköttel auf. Darin befinden sich die Samen, aus denen das kostbare Arganöl hergestellt wird.
Für einen Liter Öl braucht man etwa 30 Kilo Früchte.

Martina Badstuber

1 Was ist ein Arganbaum? Erkläre das Wort mithilfe des Textes oder schlage im Lexikon nach.

____

____

2 Erkläre, was der fett gedruckte Satz bedeutet.

____

____

____

3 Welches Wort verstehst du nicht? Markiere.
Wie kannst du dieses Wort klären? Notiere und begründe.

____

____

4 Tausche dich darüber mit einem Partnerkind aus.

bei Verständnisschwierigkeiten Verstehenshilfen anwenden: nachfragen, Wörter nachschlagen, Texte zerlegen – **Basis**

Was machen Gene so alles?

Jan Groß aus Diez sieht seinem Vater Johann Groß Senior sehr ähnlich. Sie haben denselben Körperbau, eher dünne Haare und neigen zu Sonnenbrand. Wissenschaftler würden sagen, das steckt „in ihren Genen“. Und die beiden haben sogar dieselbe Haltung und denselben Gang. Gene sind Bestandteile der Körperzellen, jedes Lebewesen hat sie. Gene bestimmen die Augenfarbe, den Schnabel, die Schwanzlänge, die Blattform und den Ort für die Stacheln. Kurz gesagt: Gene bestimmen zwar nicht alles, aber doch sehr viel in der Natur.

Wie gesagt befinden sich die Gene in deinen Zellen. Sie sind unverzichtbare Bestandteile jeder lebenden Zelle. Die Zellen in deinem Körper haben jeweils etwa 30 000 Gene. Diese Gene bestimmen, was die Zelle machen soll. Allein für deine Haare hast du schon verschiedene: Es gibt unterschiedliche Gene für dunkles oder helles Haar, für glattes oder gelocktes, dickes oder dünnes usw. Genauso gibt es Gene für deine Augenfarbe, die Länge deiner Nase und die Form von so ziemlich allen Teilen deines Körpers. Verhalten und Talent sind zum Teil auch durch deine Gene bestimmt. Bleibt nur eine Frage: Wessen Merkmale erbst du – die deines Vaters oder die deiner Mutter?

Jan Paul Schutten

1 Was sind Gene? Unterstreiche im Text passende Stellen und vergleiche sie mit denen eines Partnerkindes.

2 Erstelle zum Begriff **Gen** einen Lexikoneintrag.

___

___

___

3 **Der Apfel fällt nicht weit vom Stamm.**
Erkläre das Sprichwort mithilfe des Textes und notiere deine Erklärung.

___

___

___

Mit Medien leben

Meine Tageszeitung …

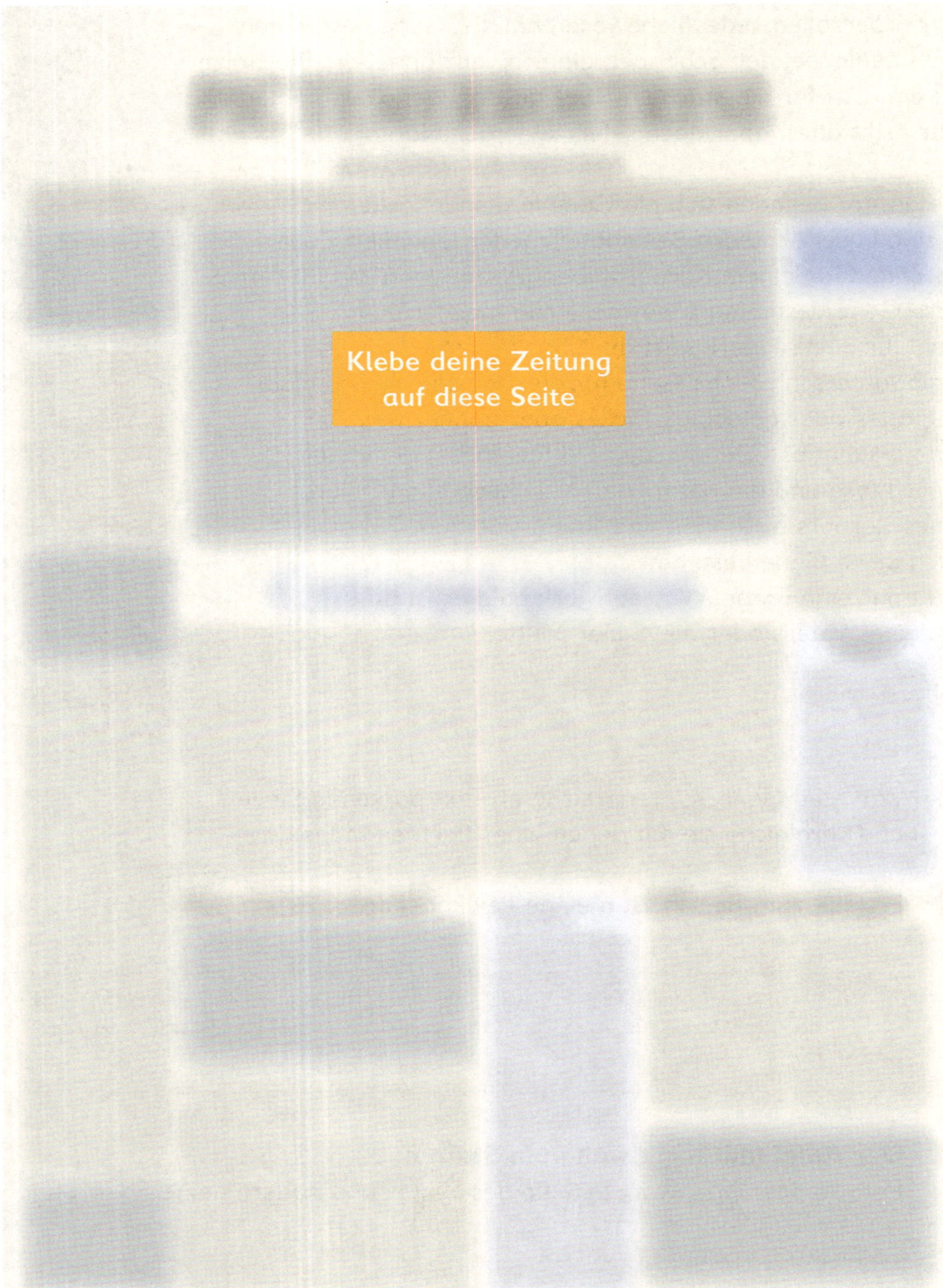

➲ Angebote in Zeitungen und Zeitschriften, in Hörfunk und Fernsehen, auf Ton- und Bildträgern sowie im Netz kennen, nutzen und begründet auswählen – **Basis und Erweiterung**

LF S.155

… unter die Lupe genommen

1. Bringe die erste Seite einer Tageszeitung mit: (a) Knicke die Vorderseite 1x quer von unten nach oben und (b) 1x längs von links nach rechts. (c) Bestreiche die Rückseite mit Klebestift und befestige sie auf Seite 42. (d) Sobald alles getrocknet ist, kannst du die Zeitung auseinanderfalten.

2. Betrachte die Titelseite. Beschrifte vier Papierpfeile passend mit den Begriffen:

   Schlagzeile | Aufmacher | Artikel | Bildaufmacher | Zeitungskopf

3. Klebe die Papierpfeile auf die entsprechenden Seiten des Titelblatts.

4. Überfliege die Artikel auf der Titelseite. Wähle einen Artikel aus, der dich besonders interessiert. Begründe deine Auswahl.

   Ich möchte den Artikel mit der Schlagzeile ______________________________

   lesen, weil ____.

5. Lies den Artikel genau.

   Das war neu für mich: ______________________________

   ____

   Das habe ich nicht verstanden: ______________________________

   ____

   Diese Information finde ich am interessantesten: ______________________________

   ____

6. Schreibe einen kurzen Leserbrief zum Artikel.

   Liebes Team der Zeitung ______________________________,

   ich möchte euch gerne meine Meinung zum Artikel ______________________________

   ______________ mitteilen, der in der Zeitung vom ______________ erschienen ist.

   Ich finde ____

   ____.

Meine Bibliothek – kurz vorgestellt

1 Informiere dich über eine Bibliothek in deiner Nähe. Trage alle Informationen ein.

Name meiner Bibliothek: ______________________________

Straße: ______________________ Ort: ______________________

Telefon: ______________________ Webadresse: ______________________

Name eines Mitarbeiters/einer Mitarbeiterin: ______________________

Öffnungszeiten:

Montag	Dienstag	Mittwoch	Donnerstag	Freitag	Samstag

Diese Medien gibt es in meiner Bibliothek:

- ☐ Bücher
- ☐ CDs
- ☐ CD-ROMs
- ☐ Hörbücher
- ☐ Computerspiele
- ☐ Comics
- ☐ Videos
- ☐ DVDs
- ☐ Zeitungen
- ☐ Zeitschriften
- ☐ Bücher in anderen Sprachen
- ☐ Computer-Arbeitsplätze mit Internet-Zugang

Ausleihfrist für Bücher: ______________________

Ausleihfrist für Zeitschriften: ______________________

Besondere Angebote meiner Bibliothek
(z.B. Autorenlesungen, Lesenächte, Bibliotheks-Rallye ...):

____

____

Meine Bibliotheksbewertung

Ich finde meine Bibliothek ______________________________,

weil ____.

Fachbegriffe für Bibliotheksexperten

- Katalog
- Lesesaal
- Onleihe
- Recherche
- Ausleihfrist
- Signatur

1 Das ist eine moderne Möglichkeit für Bibliotheksnutzerinnen und -nutzer. Sie können z.B. am eigenen Computer und zu jeder Uhrzeit über ein spezielles Internetportal ihrer Bibliothek E-Books, E-Audios, E-Videos, E-Paper, E-Magazine und E-Music ausleihen.

2 Dies ist eine Kombination von Zahlen und Buchstaben auf dem Einband oder Rücken eines Buches. Diese Zahlen-Buchstaben-Kombination hilft, ein Buch in der Bibliothek am richtigen Standort zu finden und auch wieder zurückzustellen.

3 Hierbei handelt es sich um einen Raum in Bibliotheken, in dem die Besucherinnen und Besucher ungestört lesen und arbeiten können. Oft liegen hier auch aktuelle Zeitungen aus, die nicht ausgeliehen werden dürfen.

4 Hier findet man alle Bücher und Medien aufgeführt, über die eine Bibliothek verfügt. Diese Zusammenstellung konnte man früher in großen Karteikästen finden, heute findet man sie meistens mithilfe von Computern.

5 Auch viele Schülerinnen und Schüler nutzen die Bibliothek für diese Tätigkeit. Sie suchen gezielt in Büchern und anderen Medien nach Informationen, die sie z.B. für ein Referat benötigen.

6

1 Lies genau. Ordne dann den Fachbegriffen die passenden Beschreibungen zu.

2 Eine Beschreibung zu einem Fachbegriff fehlt. Ergänze diese Beschreibung.

Für Krimiliebhaber und Gruselfans

Gestatten: Erich Kästner

- deutscher Schriftsteller und Drehbuchautor
- in Dresden am 23. Februar 1899 geboren
- kam um vier Uhr morgens nach siebenjähriger Ehe seiner Eltern zur Welt
- wuchs in der Königsbrücker Straße 66 in Dresden auf
- berühmt für seine Kinderbücher, z.B. „Emil und die Detektive" (1929), „Pünktchen und Anton" (1931), „Das fliegende Klassenzimmer" (1933)
- lebte ab 1927 in Berlin
- 1933 wurden seine Bücher von den Nazis verbrannt, und später verboten die Nazis ihm das Schreiben.
- Sohn eines Sattlers und einer Friseuse
- mit 14 Jahren Ausbildung zum Volksschullehrer
- starb am 29. Juli 1974 in Neuperlach bei München
- Viele seiner Bücher wurden verfilmt, er war selbst Drehbuchautor.
- studierte ab 1919 Geschichte, Germanistik, Philosophie und Theaterwissenschaft
- schrieb seit 1920 Zeitungsartikel und Gedichte
- Tanta Martha war seine Lieblingstante.

1 Welche Informationen über Erich Kästner findest du interessant? Kreuze an.

2 Welche Information verstehst du nicht? Markiere sie. Notiere dazu eine Frage.

____

3 Wähle wichtige Informationen über Kästners Kindheit aus.

Kindheit

1 ______________________________

2 ______________________________

3 ______________________________

Ein Autoren-Lapbook vorbereiten

Meine Lieblingsautorin/mein Lieblingsautor:

____

Ein Foto:

Ein wichtiger Satz:

____

____

____

____

____

Drei wichtige Informationen zum Lebensweg:

1. ______________________________

____

2. ______________________________

____

3. ______________________________

____

Drei bedeutende Werke:

1. ______________________________

____

2. ______________________________

____

3. ______________________________

____

Mein Lieblingsbuch:

1 Sammle und ordne Informationen zu deinem Lieblingsautor/deiner Lieblingsautorin.

Vorlesen

Noch ne Seite Langeweile
Noch ne Seite nicht verstehn
Mann, da komm ich schnell in Eile
Nun möcht ich doch lieber gehn

Hab'n wir noch was an-der-es?
Doch noch was Span-nen-de-res?

Her das Buch mit Mord und Blut
Das mit Feuer, Dampf und Glut
Irgendwas wo's kracht
Oder wo man lacht

Und nicht dieses Rumgeseier
Ausgelutscht wie Faultiereier
Das hau in die Tonne
Ich will Text mit Lust und Wonne,
Herz und Sonne
Emotionen, Explosionen,
Schmerz, Gewühl
– was ich fühl!

Martin Liening

1 Wie findest du das Gedicht? Kreuze an.

☐ spannend ☐ lustig ☐ nachdenklich ☐ ____________

2 Lies die erste Strophe. Welche Texte findest du langweilig? Begründe.

____

____

____

3 Im Gedicht beschreibt der Autor in der dritten und vierten Strophe Lesewünsche. Welchen davon findest du passend für dich? Markiere die Zeile.

4 Aus welchem Bücherregal würdest du dir ein Buch zum Lesen aussuchen? Rahme ein.

Abenteuerliches | Gruseliges | Krimi | Witziges

Zonja und Mucks

Zonja hat Mucks, den Jungen mit den roten Haaren und den abstehenden Ohren, im Schwimmbad kennengelernt. Beide freunden sich an. Als Mucks Zonja an einem Sommerabend zu Hause besucht, betrachten sie zusammen den Nachthimmel.

Der Boden ist kalt und hart und wird langsam feucht vom Tau. Wir liegen schon über eine Stunde hier im Gras. Geschätzt. Zwischendurch hat Mati* vom Balkon geschaut, aber nichts gesagt. Es sind ja Sommerferien. Außerdem, wann liege ich schon mal bis nach neun im Garten, und dann auch noch mit einem Freund?
Falls Mucks das ist – ein Freund. Mati hat wie ein Waldgeist durch die Blätter der Buche hindurchgeschaut, eine Augenbraue hochgezogen, gelächelt und ist ebenso still wieder hineingegangen.

Mucks hat sie gar nicht bemerkt. Er hat mir den großen Wagen gezeigt, die Cassiopeia und den Löwen, und ich habe ihm nicht erzählt, dass ich die Sternbilder schon kenne. Ich glaube, er ist stolz darauf, dass er sie kennt. Als ich ihn gefragt habe, wer sie ihm gezeigt hat, hat er nicht geantwortet. Ich habe wirklich noch nicht viel über ihn herausgefunden.

Ich beschließe Mucks irgendetwas von mir zu verraten. Etwas Peinliches. Vielleicht verrät er dann auch mir etwas von sich. „Ich habe Angst vor Fünfmeterbrettern“, rede ich deshalb drauflos. Mucks sagt nichts. Na gut.
„Ich mache Listen, weißt du“, probiere ich es weiter. „Mit allen Fragen, die ich mir über den Tag so stelle. Die schreibe ich alle auf.“
„Und?“, sagt Mucks, „welche Frage schreibst du heute Abend drauf?“
„Hm. Vielleicht: Was ist der der Erde am nächsten liegende Sternennebel?“
„Der Andromedanebel.“
Ich bin beeindruckt. Zwar habe ich noch keines von Mucks’ Geheimnissen aufgedeckt, aber immerhin schon einmal eines seiner Hobbys entdeckt.

Stefanie Höfler

*Zonjas Mutter

1 **Zonja ist ein ungewöhnliches, interessiertes Mädchen.**
Unterstreiche mit einem gelben Stift eine Textstelle, die das zeigt.

2 **Mucks versteht etwas vom Weltall.**
Unterstreiche mit einem blauen Stift zwei Textstellen, die das zeigen.

3 **Mucks erzählt nicht gerne von sich.**
Unterstreiche mit einem grünen Stift eine Textstelle, die das zeigt.

Nächtliche Wanderungen

Hast du schon einmal eine Nachtwanderung gemacht? Die beste Zeit dafür ist in den Sommerferien, wenn es abends so warm ist, dass du dich gut im Freien aufhalten kannst. Am Nachthimmel gibt es viel zu entdecken: Sterne und Sternbilder, manchmal auch Sternschnuppen oder ein Flugzeug auf einem Nachtflug und natürlich den Mond. Wenn du Glück hast, kannst du auch Tiere beobachten, die erst in der Dämmerung aus ihren Verstecken kommen, um nach Nahrung zu suchen. Tiere, die nachts unterwegs sind, sind mit ihren Sinnesorganen gut an die Dunkelheit angepasst: Fledermäuse haben zum Beispiel ein ausgezeichnetes Gehör. Eulen haben besonders große Augen. Katzen können mit ihren Schnurrbarthaaren fühlen. Und Igel haben besonders feine Nasen. Wenn man nachts draußen ist, kann man viele geheimnisvolle Geräusche hören. Aber sie kommen meist von den Nachttieren und vor denen muss man sich nicht fürchten. Auch wenn du keine Angst hast, solltest du eine Nachtwanderung nicht alleine machen und auf jeden Fall deinen Eltern Bescheid sagen. Dann brauchst du nur noch eine Taschenlampe, eine warme Jacke und für unterwegs etwas zum Knabbern. Vielleicht auch noch ein Fernglas, um dem Mond und den Sternen „näher" zu sein.

Friederike Naroska

1 **In der Nacht kann man viel entdecken.**
Finde mindestens zwei passende Textstellen zu der Aussage. Markiere sie im Text.

2 **Die Nachttiere haben sich sehr gut an die Dunkelheit angepasst.**
Finde die passende Textstelle, die das belegt.

Zeile ______ bis Zeile ______

3 **Eine Nachtwanderung sollte man am besten zu zweit oder in einer kleinen Gruppe machen.**
Finde eine passende Textstelle, die das belegt.
Notiere die Textstelle und gib die Zeile an.

____

____

Gefunden habe ich diese Textstelle von Zeile ______ bis Zeile ______.

Tag und Nacht

„Tag“ nennt man den Zeitabschnitt, in dem die Sonne auf einen Teil der Erde scheint. Wenn es bei uns Tag ist, ist es auf der anderen Seite der Erdkugel Nacht. Die Sonne kann immer nur eine Seite der Erdkugel auf einmal beleuchten. Weil sich die Erde um sich selbst dreht, wechseln sich an allen Orten Tag und Nacht ab. Für eine volle Drehung braucht unsere Erde 24 Stunden.

Nun dreht sich die Erde nicht nur um sich selbst. Sie kreist gleichzeitig auch um die Sonne. Für einen Umlauf braucht sie ziemlich genau ein Jahr. Weil die Erdachse leicht geneigt ist, wendet sich die Nordhälfte der Erdkugel ein halbes Jahr lang stärker der Sonne zu. Dann ist bei uns Sommer. Im Winterhalbjahr bekommen wir weniger Sonne. Deshalb ist es in den Wintermonaten auch kälter. Auf der Südhälfte der Erde, z.B. in Australien, ist es genau umgekehrt. Deshalb feiern australische Kinder Weihnachten im australischen Sommer, in der hellsten und heißesten Zeit des Jahres.

Die Neigung der Erde bestimmt außerdem die Länge der Tage. Wenn die Sonne am Tag länger scheint, kann sie die Erde stärker erwärmen. Im Sommer bewirken die langen Tage und ein steiler Einfallswinkel der Sonnenstrahlen warme Temperaturen. Selbst wenn im Winter die Sonne scheint, wird es nicht richtig warm. Das kommt daher, dass die Sonnenstrahlen in einem spitzen Winkel auf die Erde fallen und so kaum wärmen können.

1 Lies und prüfe die folgenden Aussagen. Suche die Zeilen.

- **Die Erde benötigt 365 Tage, um sich einmal um sich selbst zu drehen.**
  Stimmt das?

  In der Zeile ______ steht, dass die Erde ________________________________ benötigt.

  ☐ Die Aussage stimmt. ☐ Die Aussage stimmt nicht.

- **Im Sommer wird es wärmer, weil die Sonnenstrahlen im spitzen Winkel auf die Erde fallen.**
  Stimmt das?

  In der Zeile ______ steht, dass die Sonnenstrahlen ________________________________

  ____ auf die Erde fallen.

  ☐ Die Aussage stimmt. ☐ Die Aussage stimmt nicht.

- **Im australischen Sommer wird ein großes Fest gefeiert.**
  Stimmt das?

  In den Zeilen ______ steht, dass ____

  ____.

  ☐ Die Aussage stimmt. ☐ Die Aussage stimmt nicht.

Lesefreunde 4

Arbeitsheft

Erarbeitet von:
Marion Gutzmann, Irene Hoppe, Alexandra Ritter, Michael Ritter

Unter Einbeziehung der Ausgabe von:
Marion Gutzmann, Irene Hoppe, Alexandra Ritter, Michael Ritter

Unter Beratung von:
Carmen Blätter (Schöneiche), Dagmar Diewald (Rositz), Melanie Föhrigen (Dessau), Jenny Glase (Berlin), Heike Redel (Berlin), Kerstin Wehlend (Biederitz) und dem Team der Martin-Andersen-Nexö-Grundschule (Greifswald)

Redaktion: Nathalie Contrael, Mirjam Löwen

Illustrationen: Christa Unzner, Katharina Knebel, Uta Bettzieche (Hund + Detektiv, Kapitelvignetten), Liliane Oser (Piktogramme), Originalillustrationen

Umschlaggestaltung: tritopp, Berlin; Christa Unzner (Illustration)

Layout und technische Umsetzung: tritopp, Berlin

www.vwv.de

1. Auflage, 1. Druck 2017

Alle Drucke dieser Auflage sind inhaltlich unverändert und können im Unterricht nebeneinander verwendet werden.

Druck: Parzeller print & media GmbH & Co. KG, Fulda

ISBN 978-3-06-083671-0

PEFC zertifiziert
Dieses Produkt stammt aus nachhaltig bewirtschafteten Wäldern und kontrollierten Quellen.
www.pefc.de
PEFC/04-31-1308

Quellen

Textquellen

S. 40
Badstuber, Martina: Ich kenn ein Land, das du nicht kennst … Berlin: Tulipan Verlag 2008 (gekürzt)

S. 37
Bahmer, Hans: Da beißt die Maus kein Faden ab. München: edition quinto bei Terzio © Möllers & Bellinghausen Verlag GmbH 2007 (gekürzt)

S. 15
Baisch, Milena: Anton taucht ab. Weinheim, Basel: Beltz & Gelberg in der Verlagsgruppe Beltz 2010 (gekürzt)

S. 33
Baltscheit, Martin: Was soll ich da erst sagen? Zürich: Bajazzo Verlag 2011 (gekürzt)

S. 29
Braetz, Werner (Hg.): Unsere Märkische Heimat. Stuttgart u. a.: Ernst Klett Schulbuchverlag GmbH 1992

S. 39
Dubois, Claude K. (T)/Scheffel, Tobias (Ü): Akim rennt. Frankfurt/M.: Moritz Verlag 2013 (gekürzt)

S. 13
Ende, Michael: Der satanarchäolügenialkohöllische Wunschpunsch. Stuttgart, Wien: Thienemann 2007 (gekürzt)

S. 10
Fokken, Silke (Hg.): Hier kommt Lola! Ein Leseprojekt nach dem gleichnamigen Kinderbuch von Isabel Abedi. Berlin: Cornelsen Verlag 2009 (gekürzt)

S. 4
Geisler, Dagmar: Wandas geheime Notizen. München: Deutscher Taschenbuch Verlag GmbH & Co. KG 2003 (gekürzt)

S. 16
Grün, Max von der: Vorstadtkrokodile. Reinbek bei Hamburg: Rowohlt Taschenburg Verlag GmbH 1983 (1978) (gekürzt)

S. 33
Hagedorn, Friedrich von (T)/Tauber, Sabine (Bearb.): Fuchs ohne Schwanz. In: Sabine Tauber: Von eitlen Raben und schlauen Füchsen. München u. a.: Prestel Verlag 2015

S. 30
Hebel, Johann Peter (T)/Winfried Theiss (Hg.): Schatzkästlein des rheinischen Hausfreundes. Stuttgart: Philipp Reclam jun. 1981 (bearbeitet)

S. 28
Herold, Gottfried: Komm, wir wolln im Regen gehen. München: Middelhauve Verlags GmbH 2000, erschienen in: Der Kinderbuchverlag Berlin

S. 38
Herzog, Annette: Flieger am Himmel. Wuppertal: Peter Hammer Verlag GmbH 2009 (gekürzt)

S. 51
Höfler, Stefanie: Mein Sommer mit Mucks. Weinheim, Basel: Beltz & Gelber in der Verlagsgruppe Beltz 2015 (gekürzt)

S. 14
Kaster, Armin: Ferdi, Lutz und ich. Wien: Verlag Jungbrunnen 2014 (gekürzt)

S. 5
Kästner, Erich: Pünktchen und Anton. Hamburg: Cäcilie Dressler Verlag und Zürich: Atrium Verlag 1996 (1935) (gekürzt)

S. 24
Kids.Greenpeace: Nachrichten vom 01.02.2016: https://kids.greenpeace.de/search?search=Drama%20um%20gestrandete%20Wale (Zugriff: 14.06.2016) (gekürzt)

S. 24
Kids.Greenpeace: Nachrichten vom 25.01.2016 https://kids.greenpeace.de/search?search=Chemie%20im%20Schlafsack (Zugriff: 14.06.2016) (gekürzt)

S. 24
Kids.Greenpeace: Nachrichten vom 18.01.2016: https://kids.greenpeace.de/search?search=Bienenfreundlicher%20Supermarkt (Zugriff: 14.06.2016) (gekürzt)

S. 24
Kids.Greenpeace: Nachrichten vom 05.01.2016: https://kids.greenpeace.de/search?search=Plastik%20im%20Walmagen (Zugriff: 14.06.2016) (gekürzt)

S. 24
Kids.Greenpeace: Nachrichten vom 23.11.2015: https://kids.greenpeace.de/search?search=Kleidertausch%20statt%20Wegwerf-Mode (Zugriff: 14.06.2016) (gekürzt)

S. 18
Klein, Martin: Alle Jahre Widder. Hamburg: Carlsen Verlag GmbH 2006 (2003) (gekürzt)

S. 17
Krylow, Iwan: Das gütige Pferd. In: René Filz: Mein erstes Fabelbuch. München: Franz Schneider Verlag GmbH 1987 (bearbeitet)

S. 34
La Fontaine, Jean de: Der Hase und die Frösche. In: http://gutenberg.spiegel.de/buch/jean-de-la-fontaine-fabeln-4576/18 (Zugriff: 07.06.2015)

S. 48
Liening, Martin: Vorlesen. In: Hans-Joachim Gelberg (Hg.): Wo kommen die Worte her? Weinheim, Basel: Beltz & Gelberg in der Verlagsgruppe Beltz 2011

S. 6
Lunghard, Bernd: Spinnefaxereien. Cottbus: REGIA-Verlag o. J.

S. 20
Matter, Maritgen (T)/Hachmeister, Sylke (Ü): Ein Schaf fürs Leben. Hamburg: Verlag Friedrich Oetinger GmbH 2003 (gekürzt)

S. 31
Meier, Martina: Als Till Eulenspiegel Turmbläser war. Nacherzählt für den Lesekorb. Bergheim: Labbé-Verlag o. J. In: http://www.labbe.de/lesekorb/index.asp?themaid=97&titelid=864 (Zugriff: 07.06.2016) (gekürzt)

S. 8
Moser, Erwin: Das große Fabulierbuch. Weinheim, Basel: Beltz & Gelberg in der Verlagsgruppe Beltz 1995 (gekürzt)

S. 52
Naroska, Friederike: Mein Sommerbuch. Freiburg: Herder Verlag 1992 (gekürzt)

S. 50
Pludra, Benno: Die Reise nach Sundevit. Leipzig: Faber & Faber Verlag GmbH 2006 (gekürzt)

S. 6
Raecke, Renate (Hg.): Das große James-Krüss-Buch. Ein Eisbär ist kein Pinguin. Köln: Boje Verlag GmbH 2007

S. 32
Ramos, Mario: Ich bin der Stärkste im ganzen Land! Aus dem Franz. von Markus Weber. © Beltz & Gelberg in der Verlagsgruppe Beltz, Weinheim/Basel 2006 (bearbeitet)

S. 35
Röder, Gerd: Falter mit Frostschutz. In: BUND-Jugend Baden-Württemberg (Hg.): Manfred Mistkäfer (Das Mitmach-Magazin zum NaturTageBuch) 01/2003

S. 2
Ruschkowski, Katharina von: Kirby: Irgendwo im Nirgendwo. In: GEOlino. http://www.geo.de/GEOlino/mensch/kirby-irgendwo-im-nirgendwo-60411.html?p=2 (Zugriff: 10.06.2016) (gekürzt)

S. 41
Schutten, Jan Paul (T)/Kiefer, Verena (Ü): Evolution oder Das Rätsel von allem, was lebt. Hildesheim: Gerstenberg Verlag 2014

S. 27
Statistik: enthält Zahlen aus: http://www.burgenwelt.org/deutschland/lokal/lokal1-deutschland.php (Zugriff vom 14.06.2016) (bearbeitet)

Bildquellen

S. 7 R. Usher/WILDLIFE; **S. 14** Armin Kaster/Susanne Fröhlich: Ferdi, Lutz und ich. © 2014 Verlag Jungbrunnen Wien; **S. 20/21** Illustrationen von Anke Faust aus: Maritgen Matter, Anke Faust, „Ein Schaf fürs Leben“ © Verlag Friedrich Oetinger, Hamburg 2003; **S. 22/1** imago sportfotodienst/imago stock&people/Nature Picture Library; **/2** imago sportfotodienst/imago stock&people/oceans-image; **S. 24** KIDS.Greenpeace: Greenpeace e.V., Hamburg; **S. 25** A Shoal of Sperm Whale, engraved by J. Hill, published 1838; by Birch, Thomas: Bridgeman Images; **S. 27** picture alliance/dpa-Zentralbild; **S. 35** imago sportfotodienst/imago stock&people/blickwinkel; **S. 37** Fotolia/Tobilander; **S. 38** Annette Herzog (T)/Katrine Clante (I): Flieger am Himmel. Wuppertal: Peter Hammer Verlag GmbH 2009. Original: Flyvere på himlen Kopenhagen: Høst & Søn 2007; **S. 39** obere Illustration: Claude K. Dubois (T)/Tobias Scheffel (Ü): Akim rennt. Frankfurt/M.: Moritz Verlag 2013. Original: Pastel © Paris: l'école des loisirs 2012; **S. 46** Süddeutsche-Zeitung-DIZ/Gert Mähler; **S. 50** Benno Pludra (T)/Hans Baltzer (I): Die Reise nach Sundevit. Der Kinderbuch Verlag im Verlag Beltz, Weinheim & Basel 2016

Selbstkontrolle: Alles richtig?

Seite 2

3 Alter: neun Jahre
Heimatland: Australien
Dauer des Schulwegs:
10 bis 15 Sekunden
Lernort: Arbeitszimmer
wichtigstes Gerät zum Lernen: Computer
Größe der Schulklasse: fünf Kinder
Kontaktmöglichkeiten der Schüler untereinander: Internet, Telefon

Seite 3

1 am Mittwoch
2 stimmt nicht, stimmt, stimmt nicht, stimmt, stimmt

Seite 15

2 Milena Baisch wurde im Jahr 1976 geboren.
Sie ist in der Stadt Wuppertal aufgewachsen.
Für ihr Buch Anton taucht ab erhielt Milena Baisch den Deutschen Jugendliteraturpreis.

Seite 19

1 Siggi, Widur
3 streichen: leise, verwundert, ungeduldig, freundlich, liebevoll, lustig, bittend, verunsichert

Seite 22

2 Abschnitt 2
3 eine Tabelle über Blauwal und Pottwal anlegen; einen Steckbrief über Blauwal und Pottwal erstellen

Seite 23

2 Abschnitt 3
3 Die Begriffe werden von oben nach unten in dieser Reihenfolge auf die Randzeilen geschrieben:
Atmung, Wahlarten, Größe/Gewicht, Nahrung
4 Ich möchte einen Steckbrief über Wale erstellen.
Ich finde im Text Angaben zum Aussehen und zur Nahrung der Wale.

Seite 26

1 streichen: wichtigsten, ungewöhnlichsten, Berlin, Köln
2 Höhe in Metern
3 höchstes Gebäude auf dem Schaubild: in Berlin
niedrigstes Gebäude auf dem Schaubild: in Köln

Seite 27

2 streichen: Kreisdiagramm, Schaubild, Mecklenburg-Vorpommern, Sachsen, zwei, vier, Brandenburg, Sachsen, mehr

Seite 28

1 Fernsehturm
3 streichen:
Text 1: Gedicht, Sage
Text 2: Sachtext, Sage

Seite 29

3 Zeile 7
4 Viehmarkt, sitten, der Bauer, nein Daoldare, Wasser

Seite 32

1 Szene

Seite 33

1 Fuchs ohne Schwanz: Erzählung
Was soll *ich* da erst sagen: Gedicht

Seite 36

1 Hummel, Mauersegler, Libelle, Amsel, Falter
2 Gedankenlose Menschen jagen und fangen Schmetterlinge aus Spaß.
3 falsch: weben, richtig wäre: leben

Seite 37

1 linker Text: 1-2-3-5-4-6
rechter Text: 1-2-4-3-5-6
2 1-5-3-2-4

Seite 45

1 Katalog: 4
Lesesaal: 3
Onleihe: 1
Recherche: 5
Ausleihfrist: 6

Seite 52

2 Zeile 6 bis 9
3 Zeile 12 bis 13

Seite 53

1 365 Tage: stimmt nicht
spitzer Winkel: stimmt nicht
großes Fest: stimmt

ISBN 978-3-06-083126-5

1. Auflage, 7. Druck 2017

Liebe Lehrerinnen und Lehrer,

die bundesweiten Vergleichsarbeiten (VERA) zur Lernstandserhebung sind in der Grundschule mittlerweile zu einem festen Bestandteil geworden. Sie werden jährlich gegen Ende der dritten Klasse durchgeführt und sollen das Erreichen der Bildungsstandards überprüfen sowie Hinweise zur Verbesserung der Lernleistungen und für die Weiterentwicklung des Unterrichts geben. Dazu gehört auch die Verbesserung der Diagnosegenauigkeit.
Sich über einen längeren Zeitraum auf Aufgaben zu konzentrieren, ist für viele Schülerinnen und Schüler ungewohnt und anstrengend. Das gilt auch für die Erfahrung, unter Zeitdruck zahlreiche, zum Teil noch unbekannte Aufgabenformate ohne Hilfsmittel bearbeiten zu müssen.

Mit den vorliegenden Lernstandserhebungen möchten wir Ihre Schülerinnen und Schüler und Sie selbst unterstützen:

- Den Schülerinnen und Schülern sollen die Lernstandserhebungen helfen, sich mit sorgfältig ausgewählten Aufgaben, wie sie auch in den Vergleichsarbeiten verwendet werden, **auf Testsituationen vorzubereiten**. Möglicherweise vorhandene Ängste können so abgebaut und es kann Sicherheit gegenüber zukünftigen Testsituationen gewonnen werden.
- Bei Ihrer **täglichen förderdiagnostischen Arbeit** sollen die Lernstandserhebungen Sie unterstützen und dabei helfen, aktuelle Lernstände und vorhandene Kompetenzen Ihrer Schülerinnen und Schüler in den verschiedenen inhaltlichen Bereichen einzuschätzen und den individuellen förderdiagnostischen Bedarf zu ermitteln.

Die Aufgaben sind an den KMK Bildungsstandards sowie den Lehr- und Bildungsplänen der Bundesländer orientiert und fokussieren die dort beschriebenen Lernziele und zu erreichenden Kompetenzen.
Im **Auswertungsbogen** werden neben den **Aufgabenlösungen** das jeweilige **Niveau** der Aufgabe sowie die jeweils fokussierten **Fähigkeiten, Fertigkeiten und Kenntnisse** beschrieben, die zur Aufgabenbewältigung im Wesentlichen benötigt werden.
In Anlehnung an die drei in den KMK Bildungsstandards angeführten Anforderungsbereiche „Wiedergeben“, „Zusammenhänge herstellen“ sowie „Reflektieren und beurteilen“ (vgl. Bildungsstandards im Fach Deutsch für den Primarbereich, Beschluss vom 15. 10. 2004, S. 17) und die VERA-Fähigkeitsniveaus 1–3 (vgl. VERA, Hinweise zur Weiterarbeit, Erläuterungen zu den Deutschaufgaben 2009, S. 2) sind den Aufgaben der vorliegenden Lernstandserhebungen drei Niveaustufen zugeordnet, die entsprechend *grundlegende, erweiterte* und *fortgeschrittene* Fähigkeiten erfordern.

Niveau 1: „Wiedergeben" → erfordert grundlegende Fähigkeiten
Das Lösen der Aufgabe erfordert die Wiedergabe bekannter Informationen und die Anwendung grundlegender Verfahren und Routinen.
Niveau 2: „Zusammenhänge herstellen" → erfordert erweiterte Fähigkeiten
Das Lösen der Aufgabe erfordert das Erkennen von Zusammenhängen, das Verknüpfen von Informationen sowie das Anwenden erworbenen Wissens und bekannter Methoden.
Niveau 3: „Verallgemeinern, reflektieren und beurteilen" → erfordert fortgeschrittene Fähigkeiten
Das Lösen der Aufgabe erfordert den Umgang auch mit neuen Sachverhalten und das Entwickeln eigenständiger Beurteilungs- und Lösungsansätze.

Der Auswertungsbogen der Lernstandserhebungen bietet darüber hinaus Platz für Ihre **Beobachtungen und Notizen** zur Einschätzung des jeweiligen Lernstandes des Kindes im Rahmen Ihrer förderdiagnostischen Arbeit.

Den Schülerinnen und Schülern ermöglicht ein einfaches Smiley-System auf den Testseiten die **Selbsteinschätzung** und schafft so eine Basis zur Reflexion des eigenen Lernstandes. Gemeinsam mit dem Kind können anschließend die Ergebnisse aus der Selbsteinschätzung und Ihre Einschätzungen aus dem Auswertungsbogen in einem förderdiagnostischen Gespräch zu einem Gesamtbild zusammengefügt und Lernziele sowie nächste Lernschritte vereinbart werden. Dabei kann es im Sinne einer dialogisch orientierten Förderdiagnostik sehr aufschlussreich sein, nach Lösungswegen und Erklärungen bei falsch gelösten Aufgaben zu fragen, um Einblicke in die Denkwege Ihrer Schülerinnen und Schüler bei der Lösung einer Aufgabe zu bekommen.

Die Lernstandsseiten erheben nicht den Anspruch, eine kontinuierliche Beobachtung und Dokumentation des Lernverlaufs sowie förderdiagnostische Maßnahmen zu ersetzen. Sie können aber einen wichtigen Beitrag zu Ihrer alltäglichen förderdiagnostischen Arbeit leisten.

Ihr Cornelsen Verlag

Erarbeitet von:	Rüdiger-Philipp Rackwitz
Redaktion:	Birgit Waberski
Illustrationen:	Gabriele Heinisch
Layout und technische Umsetzung:	Birgit Riemelt, Panketal

Liebe Schülerin, lieber Schüler,

mit diesen Aufgaben kannst du herausfinden, was du schon gut kannst und was du noch üben solltest.

Bearbeite die Aufgabenblätter so:

1. Schreibe deinen Namen und das Datum oben auf jedes Blatt.
2. Lies dir die Aufgabe in Ruhe durch.
3. Bearbeite die Aufgabe.
4. Wenn du bei einer Aufgabe nicht weiterkommst, mache bei der nächsten weiter und versuche es später noch einmal. Du kannst auch jemanden um Hilfe fragen.
5. Wenn du eine Aufgabe bearbeitet hast, kreuze an, wie leicht oder wie schwierig du sie findest:

   Diese Aufgabe
   ☺ kann ich gut lösen
   😐 kann ich nur zum Teil lösen
   ☹ kann ich gar nicht lösen

Es gibt verschiedene Aufgabenarten:
Bei manchen Aufgaben sollst du die richtige Antwort ankreuzen.
Beispiel: Was hängt in der Schule? Kreuze an.

☐ Waffel ☒ Tafel ☐ Tante

Meistens ist nur eine Antwort richtig. Wenn mehrere Antworten richtig sind, steht in der Aufgabe „Kreuze **alle** richtigen Antworten an".

Bei manchen Aufgaben sollst du etwas in einem Text **unterstreichen** oder ein falsches Wort **durchstreichen**.

Beispiele: <u>Wort</u> ~~Wort~~

Bei manchen Aufgaben sollst du die Antwort **aufschreiben**.
Bei Aufgaben mit einer kurzen Schreiblinie reicht es, ein oder zwei Wörter aufzuschreiben. Bei längeren Linien solltest du einen oder mehrere Sätze schreiben.

Viel Spaß und viel Erfolg!

Name: Datum:

Fossile Brennstoffe und erneuerbare Energien

Die Energie, die wir in unserem täglichen Leben verbrauchen, wird meistens aus Kohle, Erdöl oder Erdgas gewonnen. Um die darin enthaltene Energie zu nutzen, werden die drei Stoffe verbrannt. Die entstehende Wärme können wir zum Kochen und Heizen verwenden oder zur Stromerzeugung in Kraftwerken. Aus Erdöl werden auch die Treibstoffe Benzin und Diesel hergestellt, die Autos an Tankstellen tanken.

Kohle, Erdöl und Erdgas werden *fossile Brennstoffe* genannt. Sie sind vor vielen Millionen Jahren aus abgestorbenen Pflanzen und Tieren entstanden. Man findet sie heute meist tief unter der Erde. Dort wird Kohle in Bergwerken abgebaut. Erdöl und Erdgas werden mit Rohren, die tief in die Erde gebohrt werden, hochgepumpt und weiterverarbeitet.

Kohle, Erdgas und Erdöl sind nicht unerschöpflich vorhanden. Wissenschaftler schätzen, dass die Kohle noch ungefähr für 100 bis 130 Jahre reicht, das Erdgas für ungefähr 50 Jahre und das Erdöl nur noch für etwa 40 Jahre.

Durch die Verbrennung der fossilen Brennstoffe erwärmt sich die Lufthülle um die Erde zunehmend. Man nennt das den *Treibhauseffekt*. Durch den Treibhauseffekt ändert sich das Klima: Es gibt immer mehr Stürme, Überschwemmungen und Dürrezeiten, in denen es nicht regnet und die Erde austrocknet. Außerdem entstehen bei der Verbrennung von fossilen Brennstoffen Abgase, die schädlich für die Luft und die Umwelt sind.

Deswegen forschen Wissenschaftlerinnen und Wissenschaftler schon lange, wie wir andere Energiequellen nutzbar machen können. Dabei konzentrieren sie sich auf sogenannte *erneuerbare Energien*, die unbegrenzt vorhanden sind, weil sie niemals aufgebraucht werden können.

Name: Datum:

Zu den Quellen erneuerbarer Energien gehören die Sonne, der Wind und das Wasser.

Die Sonne strahlt in einer Stunde mehr Energie auf die Erde, als alle Menschen in einem Jahr verbrauchen. Um diese Energie zu nutzen, gibt es auf immer mehr Dächern Solaranlagen, die das Sonnenlicht einfangen und damit Strom erzeugen oder Wasser erhitzen.

Dort, wo es häufig windig ist, sieht man oft Windkrafträder, die den Wind nutzen, um Strom zu erzeugen. Um die Wasserkraft zu nutzen, gibt es an zahlreichen Flüssen und Stauseen Wasserkraftwerke, in denen das Wasser über große Turbinen geleitet wird.

Bei der Umwandlung der Energie von Sonne, Wind oder Wasser in elektrischen Strom entstehen keine umweltschädlichen Gase oder Abfälle. Allerdings braucht man genügend Sonnenlicht, damit die Stromerzeugung aus Sonnenenergie funktioniert.

Windräder arbeiten nur, wenn ein gleichmäßiger Wind weht. Außerdem verändern Windräder die Landschaft, sie machen Geräusche und können den Vogelflug beeinträchtigen.

Um die Wasserkraft zu nutzen, müssen häufig Bäche und Flüsse aufgestaut werden. Dadurch können dort lebende Tiere gestört werden und ihre Lebensräume können gefährdet sein.

Solange es aber noch keine Möglichkeit gibt, Strom so zu erzeugen, dass dadurch nicht auch Nachteile für Menschen, Tiere und Umwelt entstehen, ist es immer noch das Beste, Strom zu sparen.

Name: Datum:

Wie ist mein Ergebnis?

☺ 😐 ☹

1 Lies im Text nach und trage in die Tabelle ein.

Fossile Brennstoffe	Quellen erneuerbarer Energien

☺ 😐 ☹

2 Wie nutzt man die Energie in fossilen Brennstoffen?
Lies im Text nach und kreuze an.

☐ Kohle, Erdöl und Erdgas werden getankt.

☐ Kohle, Erdöl und Erdgas werden verbrannt.

☐ Kohle, Erdöl und Erdgas werden gespart.

☺ 😐 ☹

3 Woraus sind Kohle, Erdöl und Erdgas entstanden?
Unterstreiche im Text.

☺ 😐 ☹

4 Was bedeutet das Wort „Dürrezeit"?
Lies im Text nach und schreibe eine Erklärung auf.

☺ 😐 ☹

5 Wie lange reicht das vorhandene Erdöl noch?

☐ etwa 40 Jahre ☐ etwa 50 Jahre ☐ etwa 130 Jahre

☺ kann ich gut lösen 😐 kann ich nur zum Teil lösen ☹ kann ich gar nicht lösen

Name: Datum:

Wie ist mein Ergebnis?

6 Kreuze **alle** richtigen Aussagen an.

- ☐ Fossile Brennstoffe sind begrenzt vorhanden.
- ☐ In einer Stunde strahlt die Sonne weniger Energie auf die Erde, als alle Menschen in einem Jahr verbrauchen.
- ☐ Erneuerbare Energien sind begrenzt vorhanden.
- ☐ Die Verbrennung fossiler Brennstoffe trägt zum Treibhauseffekt bei.
- ☐ Bei der Nutzung der erneuerbaren Energien entstehen keine umweltschädlichen Abgase.

7 Womit wird aus Sonne, Wind und Wasser Strom gewonnen? Lies im Text nach und schreibe drei Stichwörter auf.

____

8 Welche Nachteile haben Sonnenenergie, Windenergie und Wasserkraft? Lies im Text nach und schreibe auf.

____

____

____

____

____

____

____

Gut gemacht! Jetzt hast du alles geschafft!

Name: Datum:

Daidalos und Ikaros

Daidalos und sein kleiner Sohn Ikaros lebten vor langer Zeit in Griechenland in der Stadt Athen. Daidalos war ein berühmter Bildhauer und Baumeister. Aber obwohl ihn die Menschen für seine Kunstwerke bewunderten und verehrten, war er sehr neidisch und eifersüchtig.

In seiner Werkstatt arbeitete der Sohn seiner Schwester, sein Name war Talos. Talos war ein sehr begabter Erfinder. Er erfand die Töpferscheibe und die Säge und wurde deshalb schnell berühmt. Das konnte der eifersüchtige Daidalos nicht ertragen, und er beschloss, Talos zu töten.

Eines Tages nahm Daidalos Talos mit auf die Burg von Athen. Als Talos auf der Burgmauer stand und in die Ferne schaute, stieß Daidalos ihn in die Tiefe. Talos wurde gerettet, und Daidalos kam vor Gericht. Er wurde verurteilt und zusammen mit seinem Sohn auf die Insel Kreta zu König Minos verbannt.

Auf Kreta hauste ein schreckliches Ungeheuer mit Namen Minotauros. König Minos bat Daidalos, ein Gefängnis zu bauen, aus dem der Minotauros nicht ausbrechen konnte. Daidalos baute ein Labyrinth mit unzähligen verschlungenen Irrwegen, aus dem es keinen Ausweg gab.

Nachdem Daidalos das Bauwerk vollendet hatte, hoffte er, dass König Minos ihn gehen ließe, denn er hatte Sehnsucht nach seiner Heimatstadt Athen. Doch König Minos wollte nicht, dass Daidalos ging. Als er hörte, dass Daidalos die Insel verlassen wollte, ließ er verkünden: „Wer Daidalos zur Flucht verhilft, wird mit dem Tod bestraft!“ Daidalos aber dachte bei sich: „Wenn ich nicht wie ein Fisch durch das Meer schwimmen darf, dann will ich wie ein Vogel davonfliegen.“

Name: Datum:

Daidalos und Ikaros sammelten Vogelfedern, die sie mit Fäden verknüpften und mit Wachs verklebten. So entstanden zwei Flügelpaare, die mit Lederriemen an die Arme geschnallt werden konnten. Nach einem Probeflug sagte Daidalos zu seinem Sohn: „Hör zu, Ikaros! Fliege nicht zu hoch, damit das Wachs deiner Flügel nicht in der Sonne schmilzt. Fliege aber auch nicht zu tief, damit die Federn nicht ins Meerwasser tauchen, sonst werden sie nass und schwer und ziehen dich in die Tiefe. Fliege immer hinter mir her, in der Mitte zwischen Sonne und Meer!“

Daidalos umarmte seinen Sohn und legte ihm die Flügel an. Dann befestigte er die anderen Flügel an seinen Armen. Daidalos und Ikaros erhoben sich wie Vögel in die Luft. Bald schon hatten sie die Insel Kreta hinter sich gelassen und flogen über das Meer. Immer wieder schaute Daidalos nach Ikaros, ob er ihm auch folgte.

Am Anfang hatte Ikaros noch Angst, doch dann gefiel es ihm immer besser, wie ein Vogel zu fliegen. Er wurde übermütig, vergaß die Warnungen des Vaters, verließ seine Bahn und flog immer höher und höher Richtung Sonne.

Zu spät bemerkte Ikaros, dass das Wachs langsam schmolz und sich die Federn nach und nach lösten und davonflatterten. Verzweifelt versuchte er, mit den bloßen Armen durch die Luft zu rudern, doch es half nichts:
Ikaros fiel in rasendem Sturz ins Meer und versank in den Wellen.

Als Daidalos sich erneut umschaute, war nichts mehr von Ikaros zu sehen. Im Wasser aber sah er Federn schwimmen, und er wusste sofort, was geschehen war. Voller Trauer flog er zu einer Insel und landete dort. Am Strand wartete er, bis das Meer den Leichnam von Ikaros ans Land spülte.

Weinend begrub Daidalos seinen Sohn. Die Insel aber, auf der Daidalos gelandet war und auf der er seinen Sohn begrub, hieß von nun an „Ikaria“.

Name: Datum:

Wie ist mein Ergebnis?

☺ 😐 ☹

1 Wer kommt in der Geschichte vor?
Lies nach und trage die Namen ein.

____________________ war ein Bildhauer und Baumeister.

____________________ war sein Sohn.

____________________ war der Sohn seiner Schwester.

____________________ war der König von Kreta.

Der _________________________ war ein Ungeheuer.

☺ 😐 ☹

2 Wie wird Daidalos beschrieben? Kreuze **alle** richtigen Aussagen an.

Daidalos war …

- ☐ ein hinterlistiger Zauberer.
- ☐ eifersüchtig.
- ☐ ein berühmter Bildhauer.
- ☐ ein begabter Erfinder.
- ☐ wunderschön.
- ☐ neidisch.

☺ 😐 ☹

3 Was hat Talos erfunden?

____

____

____

Name: Datum:

Wie ist mein Ergebnis?

☺ 😐 ☹

4 Wo ist das passiert? Verbinde.

Ikaros kommt der Sonne zu nah und stürzt ab. 

Daidalos fertigt heimlich zwei Paar Flügel an. 

Daidalos begräbt seinen Sohn Ikaros. 

Daidalos stößt Talos von der Burgmauer. 

Daidalos hilft König Minos und baut ein Labyrinth. 

Daidalos und Ikaros fliegen wie Vögel. 

in der Stadt Athen in Griechenland

auf der Insel Kreta

über dem Meer

auf der Insel Ikaria

☺ 😐 ☹

5 Suche die Orte und Inseln, wo die Geschichte spielt. Zeichne die Reiseroute von Daidalos ein.

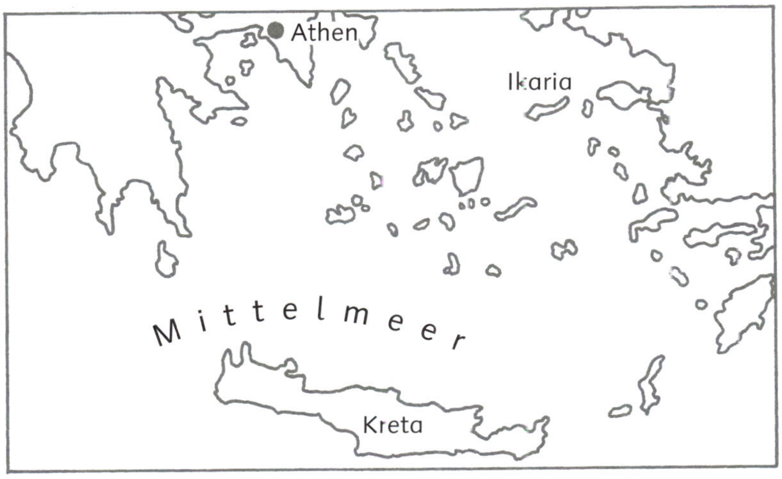

☺ 😐 ☹

6 Wohin wollten Daidalos und Ikaros von Kreta aus? Lies im Text nach und kreuze an.

☐ zurück nach Athen ☐ zur Insel Ikaria ☐ nach Rhodos

☺ kann ich gut lösen 😐 kann ich nur zum Teil lösen ☹ kann ich gar nicht lösen

Name: Datum:

Wie ist mein Ergebnis?

☺ 😐 ☹

7 Welche Fragen beantwortet der Text nicht?
Kreuze **alle** an.

☐ Warum wollte König Minos Daidalos nicht gehen lassen?

☐ Wohin musste Daidalos mit seinem Sohn Ikaros?

☐ Wie heißt die Burg von Athen?

☐ Warum flog Ikaros immer höher?

☺ 😐 ☹

8 Warum wollte Daidalos Talos töten?
Lies im Text nach und schreibe es auf.

____

____

____

____

____

☺ 😐 ☹

9 „Wenn ich nicht wie ein Fisch durch das Meer schwimmen darf, dann will ich wie ein Vogel davonfliegen."

Was ist damit gemeint? Schreibe es auf.

____

____

____

____

____

____

Gut gemacht! Jetzt hast du alles geschafft!

☺ kann ich gut lösen 😐 kann ich nur zum Teil lösen ☹ kann ich gar nicht lösen

Auswertungsbogen Lernstandserhebungen Deutsch Lesen, Klasse 4

Name: ______________ Klasse: ____

Lernstandserhebung 1: *Sachtext verstehen* durchgeführt am ________

Aufgabe	Niveau	Fähigkeiten, Fertigkeiten und Kenntnisse	Lösungen	Beobachtungen und Notizen
1	1	• gezielt Informationen suchen und entnehmen	Kohle Sonne Erdöl Wind Erdgas Wasser	
2	1, 2	• gezielt Informationen suchen • Zusammenhänge erfassen	Kohle, Erdöl und Erdgas werden verbrannt.	
3	1	• gezielt Informationen suchen	*Zeile 9 und 10:* aus abgestorbenen Pflanzen und Tieren	
4	2	• gezielt Informationen suchen und entnehmen • Zusammenhänge erfassen • Informationen als Erklärung wiedergeben	Dürrezeiten sind Zeiten, in denen es nicht regnet und die Erde austrocknet. *(Zeile 22)*	

Niveaustufen: **1** = „Wiedergeben" → erfordert grundlegende Fähigkeiten **2** = „Zusammenhänge herstellen" → erfordert erweiterte Fähigkeiten **3** = „Verallgemeinern, reflektieren und beurteilen" → erfordert fortgeschrittene Fähigkeiten

Auswertungsbogen Lernstandserhebungen Deutsch Lesen, Klasse 4

Name: ______ Klasse: ______

Lernstandserhebung 1: *Sachtext verstehen* durchgeführt am ______

Aufgabe	Niveau	Fähigkeiten, Fertigkeiten und Kenntnisse	Lösungen	Beobachtungen und Notizen
5	1	• gezielt Informationen suchen und entnehmen	etwa 40 Jahre	
6	2, 3	• gezielt Informationen suchen • Zusammenhänge erschließen • Text reflektieren	Fossile Brennstoffe sind begrenzt vorhanden. Die Verbrennung fossiler Brennstoffe trägt zum Treibhauseffekt bei. Bei der Nutzung der erneuerbaren Energien entstehen keine umweltschädlichen Abgase.	
7	2	• gezielt Informationen suchen • Zusammenhänge erschließen	Solaranlagen, Windkrafträder, Wasserkraftwerke	
8	2, 3	• gezielt Informationen suchen und entnehmen • Zusammenhänge erfassen • Informationen als Erklärung wiedergeben • zu einem Schreibanlass schreiben • verständlich, strukturiert, adressaten- und funktionsgerecht schreiben	*Man braucht genügend Sonnenlicht, damit die Stromerzeugung aus Sonnenenergie funktioniert.* *Man braucht gleichmäßigen Wind, damit die Stromerzeugung aus Windenergie funktioniert.* *Um die Wasserkraft zu nutzen, müssen häufig Bäche und Flüsse aufgestaut werden. Dadurch können dort lebende Tiere gestört werden und ihre Lebensräume können gefährdet sein.*	

Niveaustufen: **1** = „Wiedergeben" → erfordert grundlegende Fähigkeiten **2** = „Zusammenhänge herstellen" → erfordert erweiterte Fähigkeiten **3** = „Verallgemeinern, reflektieren und beurteilen" → erfordert fortgeschrittene Fähigkeiten

Auswertungsbogen Lernstandserhebungen Deutsch Lesen, Klasse 4

Name: ______ Klasse: ___

Lernstandserhebung 2: *Sage verstehen* durchgeführt am ______

Aufgabe	Niveau	Fähigkeiten, Fertigkeiten und Kenntnisse	Lösungen	Beobachtungen und Notizen
1	1	• gezielt Informationen suchen und entnehmen	Daidalos, Ikaros, Talos, Minos, Minotauros	
2	1	• gezielt Informationen suchen und entnehmen	ein berühmter Bildhauer. eifersüchtig. neidisch.	
3	1, 2	• gezielt Informationen suchen und entnehmen • Informationen als Erklärung wiedergeben	*Talos hat die Töpferscheibe und die Säge erfunden.*	
4	2, 3	• gezielt Informationen suchen, entnehmen, verknüpfen • Zusammenhänge erschließen	Ikaros kommt der Sonne zu nah und stürzt ab. → über dem Meer Daidalos fertigt heimlich zwei Paar Flügel an. → auf der Insel Kreta Daidalos begräbt seinen Sohn Ikaros. → auf der Insel Ikaria Daidalos stößt Talos von der Burgmauer. → in der Stadt Athen in Griechenland Daidalos hilft König Minos und baut ein Labyrinth. → auf der Insel Kreta Daidalos und Ikaros fliegen wie Vögel. → über dem Meer	

Niveaustufen: **1** = „Wiedergeben" → erfordert grundlegende Fähigkeiten **2** = „Zusammenhänge herstellen" → erfordert erweiterte Fähigkeiten **3** = „Verallgemeinern, reflektieren und beurteilen" → erfordert fortgeschrittene Fähigkeiten

Auswertungsbogen Lernstandserhebungen Deutsch Lesen, Klasse 4

Name: ______________ Klasse: ____

Lernstandserhebung 2: ***Sage verstehen*** durchgeführt am ________

Aufgabe	Niveau	Fähigkeiten, Fertigkeiten und Kenntnisse	Lösungen	Beobachtungen und Notizen
5	2, 3	• gezielt Informationen suchen, entnehmen, verknüpfen, übertragen • Zusammenhänge aus Text erschließen	von Athen nach Kreta von Kreta nach Ikaria	
6	2, 3	• gezielt Informationen suchen und entnehmen • Zusammenhänge aus Text erschließen	zurück nach Athen	
7	2, 3	• gezielt Informationen suchen, entnehmen, verknüpfen, bewerten • Zusammenhänge aus Text erschließen	Warum wollte König Minos Daidalos nicht gehen lassen? Wie heißt die Burg von Athen?	
8	2, 3	• gezielt Informationen suchen, entnehmen, verknüpfen, bewerten • Zusammenhänge erschließen • zu einem Schreibanlass schreiben • verständlich, strukturiert, adressaten- und funktionsgerecht schreiben	*Daidalos war sehr neidisch und eifersüchtig. Er konnte es nicht ertragen, dass Talos ein begabter Erfinder war und berühmter wurde als er selbst.*	
9	3	• Zusammenhänge erschließen • Text interpretieren • zu einem Schreibanlass schreiben • verständlich, strukturiert, adressaten- und funktionsgerecht schreiben	*Wenn Daidalos seinen Willen nicht auf die eine Art bekommt, dann versucht er es auf eine ganz andere Art. Daidalos lässt sich nicht von seinem Plan abbringen.*	

Niveaustufen: **1** = „Wiedergeben" → erfordert grundlegende Fähigkeiten **2** = „Zusammenhänge herstellen" → erfordert erweiterte Fähigkeiten **3** = „Verallgemeinern, reflektieren und beurteilen" → erfordert fortgeschrittene Fähigkeiten